U0904774

RELEVANCE

The Power to Change Minds and Behavior and Stay Ahead of the Competition

相关力

改变思想和行为并保持领先的力量

[美] 安德烈·科维尔　保罗·B. 布朗　著

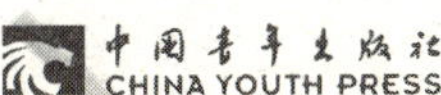

图书在版编目(CIP)数据

相关力：改变思想和行为并保持领先的力量 /（美）科维尔，（美）布朗著；冯鲁华，杨婷婷译.
—北京：中国青年出版社，2015.5
书名原文：Relevance: the power to change minds and behavior and stay ahead of the competition
ISBN 978-7-5153-3152-2
Ⅰ.①相… Ⅱ.①科… ②布… ③冯… ④杨… Ⅲ.①营销－研究 Ⅳ.①F713.3
中国版本图书馆CIP数据核字（2015）第035286号

相关力：改变思想和行为并保持领先的力量

作　　者：〔美〕安德烈·科维尔　保罗·B. 布朗
译　　者：冯鲁华　杨婷婷
策划编辑：朱小兰
责任编辑：肖　佳　孙　明
美术编辑：夏　蕊　张燕楠
出　　版：中国青年出版社
发　　行：北京中青文文化传媒有限公司
电　　话：010-65511270/65516873
公司网址：www.cyb.com.cn
购书网址：zqwts.tmall.com　www.diyijie.com
制　　作：中青文制作中心
印　　刷：北京中科印刷有限公司
版　　次：2015年5月第1版
印　　次：2015年5月第1次印刷
开　　本：880×1230　1/32
字　　数：80千字
印　　张：6
京权图字：01-2014-4986
书　　号：ISBN 978-7-5153-3152-2
定　　价：29.90元

谨以此书献给约翰·布罗德，感谢你对我最初想法的支持和确证，并给了我开始创作的原动力，也是你对此书的坚定信念使我踏上了写作的旅程。

RELEVANCE

目录

CONTENTS

RELEVANCE

致谢

ACKNOWLEDGMENTS

保罗·B. 布朗，我的合著者，他为本书的写作带来了无与伦比的乐趣，我们之间的合作充满了超乎想象的创造力。

杰瑞·约翰逊，我的研究伙伴，我们一起对相关力假设开展了研究。他对于找到那些需要进一步检验的深刻观点有独门诀窍，这对于我们的研究来说是无价之宝，更不用说他在整个过程中所表现出来的耐心了。

此外，我还要感谢罗伯·古尔德，他投入大量精力创建了针对沟通规划的诊断平台，对此我们都非常喜爱，并且把它亲切地称呼为“相关蛋”。

最后，我要感谢宾克·加里森，是他最早推动我把这一“相关力”的概念转变为书籍，只靠我自己是做不到的。

RELEVANCE

一起探讨“相关力”

EXECUTIVE SUMMARY

像你所在的组织一样，世界上的每个组织都希望人们购买自己的某件产品，接受自己的某种品牌，支持自己的某位候选人或者加入自己的某项事业。为此，他们每年都要把总额高达数十亿美元的资金投入到市场宣传、广告、公共、沟通项目、社会媒体以及推陈出新上。然而，用客气的一些话来说，这些活动常常不会达到它们本可以取得的效果，这一点我们都很清楚。如果你足够坦诚，那么你就会承认自己需要得到的帮助，在你和那些你希望对其产生影响的人们之间建立一种稳固持久的纽带。

要建立这种纽带，组织就需要一种单一的、可靠的指导原则来确保它们所有的营销和沟通能够产生持续的影响力。在下面的章节中，我们会给你提供一种指导原则，用一个词来概括就是：相关力。

在韦氏大辞典中，“相关力”的定义是“实用且具有社会适应性”。我们认为这个定义是准确的，但我们发现大多数人都误读了它，他们对这一定义的理解几乎都侧重于它“实用”的方面。这也是可以理解的，因为你所提供的东西必须能够很好地满足消费者的某种需求，这一点是毋庸置疑的。

但是，逐渐地，仅仅能做到这一点已经远远不够了，因为消费者正变得越来越变幻莫测，并且越来越难以满足。在你身上，他们期望的是卓越的执行力。不幸的是，这才仅仅是入门的门槛，它并不能保证你和消费者之间能建立一种长期的关系。只要你自身哪怕是一次稍有不慎，或者顾客遇到了你的某个竞争对手，而这个竞争对手恰恰做得比你稍微好那么一丁点儿，或者和你同样好但是价格稍微低一点，那么，顾客就有可能离你而去。

而在这里，就是相关力关于情感的方面能够介入的地方了。如果你的产品、服务或者创意能和顾客产生共鸣，或者这些东西对顾客来说具有某种意义而不仅仅是功利性质的，那么，你们之间的关系就会变得更深、更持久并且会带来更多的回报。比如，价值和可靠性是完美购物体验的基础，所以，做到这两个方面是绝对必要的，但是它们并不能给你带来竞争优势，因为那些和你奋力争夺市场份额的其他公司也一样能做到。如果你所做的一切都是别人已经做过的，那么你永远也不会获得任何优势。

但是，根据我们的调查研究，和那些在生育高峰期出生的人比起来，Y一代（美国人把1980年到1995年间出生的人称作“Y一代”）的消费者更加青睐于那些能提供共享式购物体验的零售商，这种“可共享性”的方面所强调的就是Y一代群体不管是线上还是线下都在追求的一种新型社会体验，而这就是他们所需要的相关力。

相关力是一个品牌、一家商店或者一次体验所能带来的最重要的品质。

这也是相关力为何如此重要的原因。不同于营销人员所渴望的其他目标，比如契合度、“眼球效应”、一致性、蜂鸣营销、点击营销和黏性营销，相关力拥有同时改变思维和行为的力量。比如，那些Y一代的消费者就会专门去寻找那些能给他们带来可分享式购物体验的零售商，而不去理会那些做不到这一点的零售商。

横看成岭侧成峰——从另一个角度来看

这里还有另外一个原因，也说明了为什么相关力如此重要。如果人们听不到你所说的，那么你就没办法让他们去做你想要的事。当然，你可以不断提高自己嗓门直到人们意识到你正在努力和他们沟通交流。但是，获得人们关注的唯一途径还在于你是否能够和他们建立某种情感上的联系，也就是说，你所说的话需要引起他人的共鸣。而且，如果想要使听众认真考虑你所说的话，那么，你所传达的信息也必须是与个人息息相关才可以。

这种情感的联系也解释了为什么顾客会站在你这一边。对顾客们来说，他们很轻易地就会转向其他品牌，除非他们从你所提供的商品那里感受到了某种个人化的联系。这两种情形都清楚地表明，相关力给我们和公司、品牌以及事业之间的关系带来了力量、深度和可持续性。

不幸的是，许多组织根本不知道自己是否是相关的，更糟糕的是，他们对此也无从查起。

下面，让我们一起花时间来仔细分析相关力的所有复杂方面，进而归纳出创造相关力并且最终使之保持下去的方式方法。我们相信，在结束的时候你不仅能理解相关力是一个多么强有力的概念，而且还能明白如何利用它来改善——或许是以指数级别地改善——你所有的沟通交流工作。

那么，就让我们从为什么它如此重要开始说起吧。

此一时，彼一时

这个世界在过去还是一个比较单纯的地方。组织或是推出某件产品，或是支持某位候选人，抑或是倡导某项事业，而在这些活动中，组织自己往往掌握着主动权。那个时候，人们拥有的选择比现在少得多。那个时候，人们谈论的无非就是想买哪种类型的葡萄酒，或者是想要在哪里取报纸之类的事情。如果某个公司名声在外，产品物美价廉，或者服务周到齐全，那么它一般就能赢得顾客、选票或者是人们对某项事业的投入。

现在，人们都知道世界再也不像以前那样单纯了，它变得越来越复杂。组织如今面临着一种全新的、令人望而生畏的挑战，那就是：它们苦心积虑想要影响的人们，时刻都处在各种商业信息的轮番轰炸中，而这些商业信息又使人们变得愤世嫉俗。消费者们现在拥有着越来越浩如烟海的选择，他们的选择方式也越来越多。在他们指尖就有着数以万亿字节的庞大信息，此外，还有层出不穷的各种网络能帮助他们查看朋友们的偏好和评价。

老树如何开新枝——
一个老旧的想法怎样才能重新具有意义

当今世界，我们运转的节奏越来越快，这也解释了为什么像“相关力”这样的老旧概念能在突然之间就变得如此重要。

过去我们常常理所当然地认为：一日为商人则终生为商人，一日是顾客则永远是顾客。

过去，我们还可以想当然地以为我们在定义上是相关的，但当我们都吃了苦头之后，这些想当然的想法都烟消云散了。

如今，你需要使自己和顾客们相关联起来，否则明天你就会没有生意可做。

你要么使自己具有相关力，要么就被扫进历史的垃圾堆。

由于人们的注意力周期收缩，各种信息、渠道以及接触点开始不断激增。而在这个复杂的新世界中，组织则需要一种可靠的方法来进行有效的沟通。这种方法在不损害组织自身的同时，需要足够灵活以适应多变的环境。

组织需要一种方法来把自己和自己试图影响的顾客联系起来。

每一件产品、每一种品牌以及每一项事业都具有建立这种联系的机会，但是，作为一个人，顾客会做何选择呢？面对着这些令人惊叹的众多选择，人们往往会和对他们来说最有意义的东西建立联系，而这正是看起来最为重要的东西，也是最具相关力的东西。

相关力经常被人们所忽视，当然其重要性也必定会被低估。而如今，在我们所居住的这个新的、不可预测的、更加复杂的世界中，作为一种制定有效市场营销规划的理想指导原则，相关力已经如雨后春笋般地显现了出来。

给生活带来意义

简单来说，相关力就是能给我们的生活带来意义的东西，相关力就是某个产品、品牌、候选人或者事业所能带给我们的全部体验。而这种体验，正如我们已经看到的那样，不仅能改变我们的思想，更重要的是还能改变我们的行为并且使这种改变维持下去。而改变之后的新行为则有可能是购买某个产品，支持某位候选人，向朋友推荐新发现，向慈善机构捐赠，或者是开始减肥。

> 相关力就是某个产品、品牌、候选人或者事业所能带给我们的全部体验。

回忆一下那个向老师提出质疑的高一学生吧，她质疑说：“几何学和我的生活到底有什么相关力呢？”她的成绩一团糟直到有一天她参与了学生机器人比赛。这使她感到万分激动，因为学生机器人比赛向她展示了一条充满光明前景的职业道路。在这一瞬间，对她来说，几何学充满了意义。这种意义的表现形式就是她所能感到的那种欢欣鼓舞和得意扬扬，因为她能和自己的朋友组成团队，在各种各样的科学和数学竞赛中亲手参与建造那些精巧绝伦的东西。也就是在这一瞬间，几何学变得具有了相关力，而这种相关力带来的新行为就是——她重新投入到了这门课程的学习中。

理解相关力的关键就是要明白它是由许多超越了逻辑的因素共同产生的。比如，在某种知识层面上，每个人都知道吸烟是有害的，但是，对某个依赖于尼古丁镇静作用的人，或者对某个朋友和家人都抽烟而且他自己也很享受新鲜烟草泥土香味的人，又或者对某个早已养成习惯在早晨喝咖啡的时候抽烟的人来说，这条信息是不相关的或者至少是相关力还不够强。

由于这一点非常重要，让我们再多花点时间吧。

你把注意力集中在错误的事情上了吗

博达公关公司所进行的研究发现，对美国人来说，关爱家人和朋友是最为重要的事情，而且其重要性远远超过了其他事情。产品营销人员往往一味地强调产品的特色和“可用性”，而生活方式推销员也往往会陷入自我发现和意义的误区而不能自拔。但是，他们最需要记住的一点就是，人们最看重的正是某件产品或某项服务是否能满足他们照顾家人和关爱朋友的强烈需求。

这种几乎在全世界范围内都普遍存在的对于关爱的渴望，就能够充分说明什么才是和人们的生活具有相关力的，以及人们怎样弄明白这种相关力。

智能手机不仅速度快、机身薄而且有很多app，看起来确实不错，但是只有在用它与远隔重洋的孩子和父母联系的时候，它在人们眼中才变得更有意义。在旅行的时候，一辆豪华轿车可以炫耀地位，但是它更有意义的地方却在于，旅途中你的孩子能够得到最好的保护。安全软件能防止重要数据丢失，这一点非常重要，但更重要的是它使大大小小的公司得以生存下去，因此员工还可以养家糊口。

在每一件产品、每一种品牌、每一个创意、每一位候选人或者每一项事业的背后都是真实存在的人、家庭以及和他们有关的故事，找到这些人，讲述他们的故事。只有触及人们内心最深处的关切，你的沟通交流才能取得最大限度的相关力。

在你考虑某个市场营销规划的时候，相关力也许不是你所想到的第一个概念，但也许它应该是。尽管在新时代的沟通交流中它被赋予了新的含义，但它仍然是一个严肃的、发人深省的词语。它一语道破了建立深厚、持续、可靠关系的重要性，即对产品、品牌以及观念的有意义的忠诚足以使行为发生改变。

相关力的三个维度

你打算怎样去建立那些有意义的忠诚呢？这里有三种不同的方法，而你需要把这三种方法全部利用起来。我们将会在后面的章节中对分别对它们进行详细的讨论，不过下面我们还是预先了解一下吧。

1. 细分

你不可能为所有人提供所有的东西，但是你可以依据你所能提供东西的某些方面来和所有人关联起来。按照详细具体的类别，比如，年龄、收入、性别、教育背景、地理位置、生活经历、兴趣爱好、政治倾向等来对营销进行细分，这样你就能找出哪一种会和人们产生共鸣，进而再决定采用什么样的方式使你的产品和每个类别的人们都关联起来。

让我们以买鸡蛋这件“小”事来举例说明。过去人们买鸡蛋的时候只有两种选择，白鸡蛋或者红鸡蛋。如今，你就可以把你出售的鸡蛋按不同的类别进行细分了。比如，这些鸡蛋是有机的吗？它们是本地产的吗？是刚下的蛋吗？是散养母鸡的蛋还是由饲料喂养的鸡蛋？包装是纸质的还是泡沫的？包装可以回收利用吗？包装的材料是回收再利用的还是原浆的？

如今，包装材料就能成为销售成功的一个契机。而在过去，人们能选的仅仅是货架上的鸡蛋本身。我们现在所处的时刻，正是一次看似简单的购买却比以前有了更多方面的意义，因此也有了更多创造相关力的可能。

2. 无形资产

相关力有四个组成部分，这四个组成部分合在一起影响着消费者的反应，尽管这种影响往往连他们自己也说不清道不明。

思考 显然，受众的认知能力也许是形成你所寻求的行为变化的必要条件，你希望他们用符合逻辑的方式来考虑你提供的东西所具有的价值。

感官吸引力 你所销售的产品外观什么样，手感如何，味道怎样，气味如何，声音怎么样？这个本不应该被忽视的方面却很可能会被人们所忽视。比如，有两件同样性能的设备，而外科医生们总会选择对他们来说拿在手里感觉比较好的那件。当然，对苹果产品的用户们来说，不管是产品的性能还是外观都会令他们为之疯狂。

群体 来自朋友和德高望重的人的评价对消费者来说总是占据重要地位的，而且现在互联网也使人们比以前任何时候都能更加容易地找到别人的评价。

价值 对那些你试图影响的人来说，什么才是重要的？

下面就来看一下，在实践中这四个组成部分是如何运作的吧。想象一下，现在正在下雨而你没有带伞。

思考会告诉你，你需要买一把伞。

每一把伞的手感是怎么样的？这就是感官上的考虑，它和思考是同等重要的。如果你买了一把用起来十分别扭的伞，那么你最后将会被淋成落汤鸡。

再者，如果你身边的人拿的都是黑色的伞，那么你也许就不会感觉印着独角兽的粉红色的伞有什么相关力，这是一种处于群体的考虑。

于是，你想要一把黑色的伞，但是具体买哪一把呢？这个时候，你看重的也许就是伞是否设计的结实耐用，是否来自本地的零售商或者属于你的父亲以及祖父曾经用过的那个品牌，而这些情感因素就反映了你的价值。

3. 环境

在这里，我们要谈的是在交流的内容、背景以及媒介中所发生的相关力。

交流的内容 比如说网页上的文字和图片，是向受众传递相关力的首要媒介。

背景 在这里我们指的是时间和空间，它是另一个因素。比如，和早晨具有相关力的双份浓缩咖啡也许和晚上就没有什么相关力。

媒介 即第三个因素：相关力取决于沟通交流产生的源头，它可能是一个婴儿、一位医生、一项生意（通过某种商业信息交流），又或者是一个政治聚会，此外，它还取决于媒介自身。比如，交流专家们正在不断完善发起在线交谈以及建立网络社区来触发行为的改变，在过去还属于艺术的东西现在正飞速地转变成了科学。

要谈论环境，最好是从禁烟“真相”运动开始，这是我们所知的最佳谈论方法之一。数十年来，禁烟人士一直在警告青少年吸烟的危害，然而，青少年吸烟的现象依然屡禁不止。于是，一些有头脑的大人们开始坐下来了解那些吸烟的青少年。他们很快就发现，正如父母们都已经知道的那样，没有什么比向青少年们进行说教式的教育更糟糕的了。

青少年吸烟的最主要原因还是与叛逆有关。

讽刺的是，没有哪一家机构比守口如瓶而且善于操纵他人的烟草行业还要保守正统了。于是，“真相”运动就应运而生，它向青少年们揭露了大烟草公司是如何把他们玩弄于股掌之间的。

那就是相关力。而青少年们则基本上认清了关于烟草行业的“真相”，尤其是烟草行业的营销手段，于是，青少年们加入了“真相”运动的行列，和他们一起来反对烟草公司。这种反应形成了一种新的社会规范，那就是吸烟一点也不酷。美国国家卫生研究院称，青少年吸烟者的数量在一年之内就减少了30万人，这主要归功于“真相”运动。

相关力挑战

关于相关力，有以下四条事实情况。

1. 相关力在今天比在以前更有价值。原因是多样化的选择已经打破了商人和顾客之间的传统关系。如今掌握主动权的是消费者而不是零售商，因为消费者们在今天拥有着比以前更多的选择。可以说，他们想要什么就可以买什么，想在哪儿买就可以在哪儿买。除此之外，商家自己也不知道下一个竞争对手会从哪儿冒出来，对手有可能就在附近，也有可能在另一个半球。因此，对相关力的需求越来越多，同时变得更有相关力的机会也越来越大。

2. 相关力如今比以前更加复杂了。因为人们现在拥有了种类更多的产品、服务、想法以及更多能够接触到这些东西信息的途径，所以，那些更具相关力或者说能够更具相关力的东西也在增多，这就是相关力挑战的关键所在。幸运的是，那些使相关力变得更加复杂的科技也帮助我们找到并接触那些我们试图影响的人。

3. 和过去相比，如今相关力更加难以建立。多亏了科技，现在人们在市场上才能拥有如此惊人数量的产品系列以及用来鉴定这些产品的工具。而且，人们现在也有了更大的能力来面对这些选择，他们需要做的只是用鼠标在他们想要的东西上点击一下，而不用管它具体在地球上的什么地方。

4. 由于上述三个原因，相关力如今变得更加难以维持……

相关力为何如此难以维持

记住，我们谈论相关力是因为它在商业活动中的影响力。作为商人，我们努力把人们转变成顾客或者是我们行动的支持者，并且在这种转变成功之后努力使其保持下去。简而言之，我们是在试图改变然后维持他们的行为。

而行为的改变要经过五个阶段：无意图期、意图期、准备期、行动期以及维持期。

让我们再以吸烟为例来进行说明。在一项对人们的戒烟行为的研究中发现：

一旦进入了意图期，作为和吸烟有关的信息来源，人们就最有可能对反馈和教育作出反应。处于准备期的人则在专心改变并寻找一套行动方案，而进入行动期和维持期的人则会主动地改变他们的吸烟行为和环境。而那些故态萌发的人则会倒退回先前的阶段，因为他们已经准备好了再次放弃。

因此，某件产品传递给它先行使用者的信息将会不同于消费迟钝者的信息，这就好比传达给激情活力的政治团队的信息会不同于传递给心怀不满的选民们的信息。许多先例表明，仅仅拥有正确的信息是不够的。想要获得相关力，信息就必须来自正确的源头，并且在正确的时间和正确的地点传达给正确的人。

相关力风险

你完全清楚那些单纯地自以为具有相关力的组织会有什么危险，尽管今天它看起来还很稳定、很成功，但是它的顾客或者支持者也许已经在准备转投其他供应商或者转而支持其他事业了。组织想当然地认为，光凭逻辑思维本身就足以催生某种他们想要的行为，他们认为：潜在的顾客肯定会转向我们，因为我们提供的东西更好。这种现象屡见不鲜，就是因为他们并没有把情感、感觉以及社会推动方面的全部体验考虑在内。

结论：你是相关的吗

正如你所看到的那样，相关力是一个深奥的概念，对任何一个营销计划来说都有着巨大的启示作用。事实上，它也许是你现在必须做的最十万火急的事情，我们强烈建议你把它纳入到你的总体战略以及战术中去。

现在，我们一起探索了相关力的定义、起源、维度以及实施的可能性，那么现在还剩下一个问题：相关力是如何进行关联的呢？关于相关力，是什么使它在这个嘈杂的世界中变成了一个有意义的概念的呢？是什么使它值得一个组织对其倾注所有的精力呢？

首先，相关力注重结果，即行为的改变。老派的概念比如意识和接触只是潜在的手段，而不是目标，而相关力则是关于最终目标的，即触发你所需的行为。

其次，相关力正符合这个时代。这个世界早就已经看破了那些嘈杂纷扰、卖弄花哨、虚饰浮华、惊世骇俗和假冒伪劣的伎俩，它需要的是实实在在的东西，它想要我们变得相关联。

这是一个需要真实、透明、谦逊、互相尊重以及相关力的时候。

这就是你提供的每一件东西都需要具有相关力的原因。

把钱花给谁？对谁保持忠诚？如今，人们被众多的选择所淹没。如果你不具有相关力，他们就会投入别人的怀抱。

让我们把这些当作背景，一起开始关于相关力的探讨吧。

1

RELEVANCE

你是相关的吗

ARE YOU RELEVANT

—— 为什么这个问题的答案如此重要 ——

WHY THE ANSWER TO
THAT QUESTION IS SO IMPORTANT

1

即使你从没有在收音机上听过《牧场之家好做伴》，乌比冈湖这个名字也会给你似曾相识的感觉。它是一个虚构的“数十年未曾改变、被时间遗忘的小镇……在那里，女的都很强壮，男的都很英俊，孩子也都在一般水平之上”。

实际上，这个神秘的地方已经有了自己专属的社会学术语，乌比冈湖效应，它是指“人的一种总觉得自己什么都高出平均水平的自然心理倾向”。这种效应最为明显的例子也许就是，当你询问人们他们的驾驶技术怎么样的时候，几乎所有人都会把自己评价为在一般水平之上。如果你曾经开车走过洛杉矶外的405号公路，或者走过马萨诸塞州盘旋曲折的某条小路，那么你就会知道你的水平并不像你感觉的那样好。

在相关力方面，你能看到“乌比冈湖效应”的全面发挥。如果相关力的尺度从一到十分为十个等级，随便问一个商家，问一下他的产品或服务能排到第几个等级，那么他肯定会把自己的产品或服务排在六到九之间。的确如此，很少有人会给自己的产品打满分，但更少有人会把自己的产品排到五级以下。而且，我们也从没有遇到过有谁会把自己放到“一级”上，但从理论上来说世界范围内有10%的人肯定是处于这个等级的。

为什么人们会给自己这样一个较高的（或许是不准确的）评级呢？

这就好比是没有哪位母亲会嫌弃自己的孩子长得丑一样，人都有一种用最美的眼光来看待他们所关心的东西的倾向。但事情远不止如此，我们倾向于寻求肯定，寻求朋友、同事、老主顾或客户对我们所做的事情（或者我们的产品和服务）的肯定，而这些人又往往不会说那些我们不想听到的话，这就是人类的天性。正如在评估竞争对手的时候，我们往往会更苛刻也更客观（当然，我们给竞争对手打的分数越低，那么在对比之中，我们自己才会显得越出色）。

为什么要相关力

我们认为，相关力是一种新的沟通交流的当务之急。我们正生活在一个日益混乱的媒体环境中，人们的注意力周期大幅缩短，而质疑却在不断增加。在这个多渠道的世界，人们拥有越来越多的选择余地，这就使得和他们建立联系变得越来越困难，同时也变得越来越重要。

然后就是关于定位的事情了。我们要把产品和服务放到一个最能体现它们价值的环境中，你绝不会把你那微小的办公用品商店描述为“全国出售曲别针的8671家商店之一”，而是会这样说：“我们是办公用品的领先供应商，能满足您的一切办公用品需求”。

这意味着如果你足够努力，并且把你的注意力范围缩小到适当范围，那么你就总是能使自己具有相关力。如果我们找到一个汽车无线电天线的制造商，他很可能会指给我们看他那微不足道的客户名单，并且说他和他们都是相关的。他也许是正确的，尽管他可能和许多其他人，包括他的银行家都不相关。

我们中的大部分人都想获得更广范围的受众，而不仅仅局限于那些仍然在使用无线电天线的人，而这无疑是一件好事情。

但是，考虑一下那些你想影响到的人们吧。他们：

- **现在获得的信息比以往任何时候都要多** 预估千差万别，但毫无疑问的是现在普通人每天都要接收数以千计（人们对此达成的共识是5000条）的商业信息，而且这些还仅仅是商业信息，这个数字还不包括邮件、电话、备忘录、白皮书、短信以及即时通信等。

- **现在有越来越多的人为了他们的生意而竞争** 今天，竞争可能就来自你的眼皮底下，也可能来自另一个半球，越来越多的公司加入到了对同一群潜在顾客的激烈争夺中。

- **预算越加紧缩** 没有人把钱用来浪费，但毫无疑问的是预算却比以往任何时候都要更加有限，人们不会把时间浪费在那些他们负担不起或者对他们的生活毫无意义的东西上了。

● **时间紧迫**　对你来说真实的东西，对顾客也是真实的。你的潜在客户都（极其地）时间紧迫，但可以肯定的是，他们的公司，就像大多数公司那样，正在努力用更少的人去做更多的事情。（如果公司不是正在解聘员工，就是在保持现有的员工数量不变，这就意味着用更少的人来完成和以前同样多或更多的工作）。除此之外，每个人都还在试图挤出更多的私人生活时间。

● **如今正面临着层出不穷的竞争**　现在已经不再有所谓的停工期了，现在有了24小时不停循环播放的新闻，有能把电视节目存储起来数字硬盘录像机，还有只要你愿意就可以随时检查邮件的智能手机，可以说，我们从没有真正的“离线”过。当人们有了多种选择，来选择如何度过每一天的每一分钟的时候，赢得他们的注意力就变得极度困难了。

● **组成不统一**　放缓的经济发展产生了一种令人难以置信的有趣现象。你正努力向其推销产品的那家公司，它的雇员有可能是20多岁的年轻人，也有可能是70多岁的老年人。在你开发一种营销方式去接近他们的时候，单一的尺寸肯定不会合适所有人。

● **网络的后果？他们正变得越来越挑剔**　想一下你的顾客和潜在顾客们每天除了受到工作和时间的压力，还会受到各种信息不间断地狂轰滥炸，你就不会觉得这有多么令人惊讶的了。

你的时间也比以前更少了，因此，你只想去致力于那些具有最大影响力的事情。你想要在任何可能的地方去发挥这种影响力，一个精彩绝妙的广告活动，如果它和你的核心受众没有相关力，那么它就不是好的广告活动（如果它不能提高人们的感知度，不能增加收入，那么不管这个广告有多么聪明，你也都已经是失败了）。

相关力：一个在正确的时间出现的正确的词语

“相关力？切。又一个故弄玄虚的术语，”怀疑论者叫道，“我只需要把它加在‘接触’、‘启发’、‘眼球’、‘黏性’等诸如此类的词语上，然后就万事大吉了，对吧？”

我们可以理解这种反应，事实上，我们也都有这种反应。当我们去寻找一个单独的词语来描述当今市场营销所需要的东西时，我们已经受够了这种时髦的术语热，因此我们打算寻找一个老一点的，于是，我们就找到了相关力。

你也许会问：“这样一来你们不是在向后倒退吗？难道相关力不是招待好顾客就会自然产生的一种副产品吗？如果是的话，那么我们现在所有的关于相关力如何重要的谈论不真就成了本末倒置了吗？”

这个问题问得非常好，我们认为它所表达的意思有一部分也是正确的。当然，你需要招待好自己的顾客，但这仅仅是入门的门槛，想要在行业里保住饭碗，你就必须得这么做。而且，如果我们要把照顾好顾客和相关力的定义联系起来，那么就需要借助于定义中“实用的”部分，即相关力是实用的，尤其是指社会适应性。

但是，你的相关力目标不应该是完成做最低限度的事情。你想要的是利用你所有的行动来达到某种行为的改变，无论它是能确保现有的顾客始终站在你这一边，还是你意向中的顾客如你所愿。

因此，相关力增强了你招待好顾客的强烈意愿。相关力得分较高的公司与同行们相比，似乎能获得更快且更好的增长。但是，高相关力得分是否能直接导向更快的增长，或者更快的增长和更好的业绩是否能产生更大的相关力，目前来说还并不确定。但不管怎样，它们之间还是有着明确的联系的。

所有这些解释了我们的出发点并且强调了为什么相关力如此重要。如果你提供的东西没有相关力，那么其他一切都免谈。你的战略和策略都会遭遇毁灭，而你想要人们对你的营销计划做出反应的愿望也将不会实现。因为，如果你的产品或服务没有相关力，那么他们也就失去了这样做的理由。

相关力和战略

伯尼·亚沃尔斯基教授是克莱尔蒙特研究生大学德鲁克学院管理和人文科学系主任。

下面是他关于战略和相关力的一些观点（最后一点是我们自己所强调的）：

差异化的产品、服务以及商业模式仅仅来自差异化的客户洞察。

一种客户洞察必须经过四层筛选：

（1）没有其他人拥有，而且它是出人意料的。

（2）你可以按照它来行事。

（3）它能带动大幅的增长。

（4）它和顾客具有高度的相关力。

“好吧，”你说，“但是为什么现在就围着相关力转呢？毕竟，你们最先承认它是个老旧的概念，为什么相关力在今天还值得我去关注？”

答案很简单，面对无时无刻向我们涌来的大量信息，我们需要一个过滤器，来帮助我们把那些我们不会关注的东西和那些我们会关注的东西区分开来。而相关力就是这种过滤器，并且具有两个至关重要的功能。

第一，它充当着一个主要的分类整理的工具：“我会关注A，但是不会关注B、C和D。”

第二，它会优先列出那些我们会关注的信息，而且信息的相关力越高，那么它的优先级就越高。

因此，如果你是相关的，那么：

（1）你的信息能够通过过滤。

（2）如果你能够通过，那么人们才会去考虑它。

（3）如果人们考虑到了它，那么他们才有可能做你想要的事情。

人们的看法

有一个简单的方法可以来鉴别你是否是相关的或者你是否正在变得相关：听一听人们对你所提供的东西的看法。

你希望他们的反应是这样的：

- 我认为这个产品或服务对我来说有着重要的价值。
- 它就是我需要的。
- 有了它，我感觉更棒了。
- 我希望别人知道我在用它。
- 它能满足我的需求。
- 它使我的生活更轻松。
- 它并不适合所有人，却是专为像我这样的人而定制。
- 它能给我带来灵感。

除此之外，还有其他好处，比如，全神贯注于相关力可以使你始终以顾客为中心。顾客的需求随着时代的改变而改变，如果你能确保一直具有相关力，那么你将会和他们一起改变。我们前面提到的那个汽车无线电天线制造商，也许就会变成一个售后市场汽车零部件的制造商，当然前提是他能始终专注于保持相关力。

获得相关力变得更加困难

我们前面说过为什么把信息传达给人们会如此困难，除了所有这些我们接收到的信息以及我们面临的时间压力，还存在着大量的人与人之间的不信任。你什么时候相信过某个广告里或者某个你没有打过交道的销售员所说的某个东西是“最好的”或者“价格最低”又或者“质量最高”之类的话了？

除此之外，我们似乎还变得越来越焦躁不安了。当然，我们过去总是会担心自己的家人，但是现在，我们还需要担心的是能否保住自己的工作。还有对于恐怖分子的担心，这种担心就像阴影一样笼罩住了我们的生活。我们担心领导者们逐步地变得越加无能，这就意味着我们需要越来越多地为自己负责。

日益扩大的政治极化

这不是你的想象。根无党派偏向的皮尤研究中心的一系列调查显示，与过去25年以来的任何时候相比，美国人现在的基本信念和价值出现了更多的极化。调查称：“和1987年的情况不同，在这一系列的调查开始的时候，当今共和党和民主党在价值上的鸿沟要比他们在性别、年龄、种族以及阶级划分之间的鸿沟要大得多了，党派之间的平均差异在25年的时间里几乎扩大了两倍。”

更为糟糕的是，接受调查的人们都坚信他们的立场：“由于两党没有站出来支持他们各自的传统立场，结果双方经常对各自的党派表示不满。目前，71%的共和党人以及58%的民主党人都说他们的党派在这方面做得都不尽如人意。”如果他们做得好，那么这个鸿沟将会更加巨大。

有趣的是，其他的传统分歧，如性别、种族、民族、宗教以及阶级，仍然和以前一样，而这使党派之争变得更加引人注目。

根据这项研究：

在最近几年里，两党的规模都有了缩小并且在意识形态上变得更加均衡。共和党被那些自称为保守派的人所把持，而民主党中也正在出现越来越多的自由主义者。在共和党人中，保守派和温和派之间的人数目前仍维持在大约2：1的比例。

这项研究发现，“目前，38%的美国人认为自己是独立的，不属于任何党派，而有32%的人依附于民主党以及24%的人依附于共和党”。最近几年来几乎没有什么变化，但是，在我们看来不足为奇的是，“长期的趋势表明两党的支持率都有所下降”。

就连007詹姆斯·邦德、贾森·伯恩或者任何其他虚构的或者真实的特工也不喜欢生活在一个充满着不信任的国家。

所有这些都表明了相关力为什么在今天如此重要的另一个原因：人们想要值得信任的东西，即使它从来没有让他们失望过的某件产品或者某项服务。而且如果你能具有相关力，那么回报将会是丰厚的。具体一点来说，就是有六个利好会发生。

1. 你的销售直线上升。因为人们有了和你做生意的理由。

2. 如果你获得了帮助（也就是说，你的销售增加了），那么你的竞争对手就会受挫。如果人们都把钱花给了你，那么就意味着你的竞争对手就会少挣这么一笔钱。

3. 人们会更愿意和你打交道。争取顾客总是一件代价昂贵的事情，如果你能和现有的顾客保持相关力，那么他们就没有什么理由再离开你。

4. 顾客的忠诚是对付竞争对手的一道屏障。如果你在对待顾客方面做得很出色并且一直保持着相关力，那么你的竞争对手再想把你的顾客吸引走就会非常困难了。

5. 让顾客们多买一些也会变得更加容易。这就是上面所说的的另一个方面了。如果你和顾客已经建立了良好的关系，那么你总能更加容易地就卖给他们更多的产品和服务。

6. 你能获得更高的利润。如果你在招待顾客方面做得很出色，那么他们将会很乐意付给你多一点的钱。当然，你也不能欺骗他们，但是，他们对价格也不会那么敏感。绝大多数人都的确坚信，就像我们一样，你付出多少就会得到多少。

如何变得具有相关力

现在你相信了相关力是一件好事，那么，你应该如何做到呢？你如何才能具有相关力呢？这本书剩余的部分就会告你这个问题的答案。但是，在这之前，让我们先做一些铺垫，下面的图标会提供给你一些线索。

正如你所看到的，有四种方法能够使你具有相关力。让我们分别来看这四种方法，如果你所提供的东西能和对方产生共鸣的话，他们的反馈是什么样的？

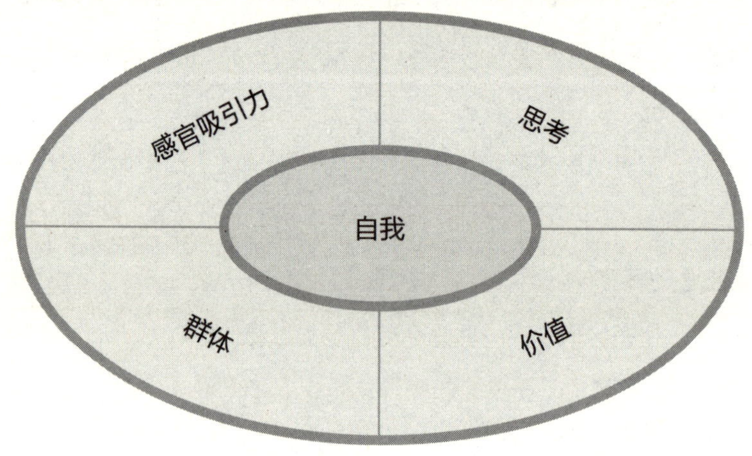

思考（功能性的）

- 这件产品/服务能满足我的需求。
- 它使我的生活更加轻松。

感官吸引力

- 这件产品/服务是我日常生活或者习惯的一部分。
- 用它的感觉就是好。

群体

- 使用这件产品/服务后我的自我感觉更加良好。
- 我想让别人也知道我正在用它。

价值

- 我把这件产品/服务和对我很重要的原则联系在一起。
- 它代表着我想要的做的事情。

考虑到这一切，你就能看出相关力为什么这么重要了，当然，那个问题是你如何变得具有相关力并一直保持下去。

这就是我们接下来要讲的。

第一章给我们的启示

1. **你需要具有相关力。**没有相关力，任何营销计划都不会顺利通过，就更不用说产生共鸣了。

2. **获得相关力比以往更加困难了，**考虑到外界的大量信息以及我们都面临的时间压力。

3. **因为相关力更难取得，所以它变得越发重要。**掌握相关力会带给你巨大的市场优势。

周一早晨要做的事情

√ 按照从一到十的相关力尺度表给你产品/服务评级，一级为完全没有相关力，十级为极度具有相关力。

√ 让别人尤其是你的客户按照同样的尺度给你评级。

√ 看一下两种评级的差距（肯定会有差差距），然后想办法缩小这个差距。

试一下下面的练习，彻底弄明白我们刚才谈论的所有话题：

正如你已经看到的那样，相关力所涉及的不仅仅是理性的东西，它还涉及情感和感官。记住这一点，想一下某个对你有特别吸引力的东西——一件产品、一位候选人、一项事业，然后判断一下为什么会这样呢。

那么，你又该如何把那些感觉原因附加到你（或者你的组织）目前正在出售的东西上呢？！

2

RELEVANCE

一切都是与个人相关的

EVERYTHING IS PERSONAL

—— 你与顾客之间的相关力 ——

THAT INCLUDES THE RELATIONSHIPS YOUR CUSTOMERS HAVE WITH YOU

2

本章的标题是“一切都是与个人相关的”，从这个标题中你就可以明白相关力为什么如此重要了。想要依据？不用看远的，就看看当地的电影城或者你家墙上挂着的平板电视就行了。

你已经在电影或电视里看过上千次这样的场景。

两个人正在谈一笔很有希望达成的生意。我们的男主角非常需要达成协议来挽救他的农场，避免破产，防止银行取消抵押品赎回权，支付祖母的手术费，为他了不起的念头获得资助（这往往会让他赢得女孩的心），而且他认为他已经说服了他对面的那个人——通常是某个腰缠万贯或者大权在握的人，同意达成这些条款。

然而，在最后的时刻，男主角会接到一个电话、通过一次面谈、收到一封电报、看到一个电子邮件，又或者是收到一条短信说：“我们的交易结束了，我改变主意了，有人出价更高”。

不管沟通交流的方式是什么样的，它们总会以同样的方式结尾："这并不是针对你个人的，这只是公事公办。"

每一次这样的场景出现时，你都会支持并且最终会为那个收到"这只是公事公办"信息的人感到难过。这就是事实，不管你是一家非营利机构的经营者还是世界上最为冷漠的注册会计师。从表面上来看，这根本就毫无意义，难道我们不应该和那个达成了最佳交易的有权有势的人站在一边吗？

啊，你会说。但我们谈论的是一部电影或者一部电视剧，那些娱乐圈的人懂得如何利用我们的感情，我们会同情弱者也就没什么好奇怪的了。这是一种标准化的剧情桥段，而且正因为它十分有效才成了一种标准化。

而这一切也都是事实。

但有趣的是，对于我们大多数人来说，现实生活和电影中生活也有许多相似之处，至少在这方面是相似的：当有人向我们摊牌说这并不是针对你个人，只是公事公办的时候，我们总是会有一种更加糟糕的感觉，但从任何客观的角度来衡量，这种感觉都是我们都不应该有的。

为什么呢？因为我们已经向这笔生意投入了大量的时间并且可能还投入了大量的感情，但最终它还是泡汤了。当我们回顾刚才，对当时的情形进行分析时，相信我们和谈判对象之间存在着某种关系，一种我们以为超越了生意的联系。而在我们猛然发现这种联系根本不存在的时候，我们就会感到失望，甚至是背叛。

这些感觉又把我们带回到了相关力的定义上来（即，“实用的，尤其具有社会适应性”）。如果相关力仅仅是指它前半部分定义的含义——某些实际的东西，那么将不会存在什么不愉快的情绪。我们和别人谈生意，最后没谈成，而竞争对手确实能给出更好的交易条件，那么这也是顺理成章的。这些事情都会发生，而且下一次交易也会如此。

然而，相关力并不仅仅是关于“实用的”，它还包含了很多的情感部分（这就是定义中“尤其具有社会适应性”那一部分了）。而且这也是为什么“公事公办”的台词如此伤人的原因了，因为在潜意识里，我们从来没有想过它只是公事。

但是，它的另一方面也是真实的。

早晨你一觉醒来，意识到这天晚些时候你还得去接上大学的女儿回家，而她则利用圣诞节假期，去了离你半个世界那么远的地方去当志愿者。然而，在查看智能手机的时候，你发现在你睡觉的时候她已经给你发了一封电子邮件，里面说：“我们的航班被取消了，下一个直达的航班要等到3天之后才能出发，所以，我换了一个航班，飞机将会在你那边凌晨3点降落在一个离家125英里的机场。如果时间来得及，我在伦敦转机的时候会给你打电话，希望没给你造成麻烦。爱你。”

于是，连咖啡都没喝你就打电话联系了你惯用的那家汽车服务公司——这家公司的价钱要比它的竞争对手高出15%，但它从来没有让你失望过——并请他们在凌晨3点到两个多小时车程之外的机场去接你的女儿。于是，汽车服务公司把确认信息用电子邮件发给了你，而你接着就把邮件转发给了女儿，这样她在转机的时候就能看到了。这样，女儿不用担心，而你也不用担心了。

美国人通过自我探索和灵性，寻求生命的意义和真理。博达公关公司的研究表明，实际上，这在人们的个人重要性评级上占的位置是比较低的，关心朋友、照顾家人、保持健康、维护友爱的关系、维持财政安全的重要性评级远远超过了寻找生命的意义和被人理解的状态。

第二天早晨，你和女儿共进早餐，就在她准备上床去睡12个小时的觉之前，你也许会想："我想近期是不会更换汽车服务公司了。"这样，那家汽车服务公司用实际行动证明了它和你的生活是极度相关的，因为它很好地照顾到了对你来说最为宝贵的东西。

接下来就是你的私人生活

这两个故事"只是生意而已"的交易和值得信赖的汽车服务公司全面诠释了为什么一切都是个人化的。再举一个例子，尽管我们把工作称为职业，但仍然希望它具有意义。再没有什么要比为某份工作献出了40年乃至50年的生命，到头来却一点意义也没有更加令人沮丧了。因此，工作当然是个人化的。如果不是这样，那肯定会有问题。

相反地，在我们的私人生活中，我们拥有如此多的选择以至我们仅仅想要那些最适合我们的东西。你也许会说那会让我们变得很自恋，但我们认为正是这样我们才成其为人。

因此，那种“只是公事公办”电影场景仅仅只能是一种娱乐而已，而且它也是错误的。不管我们是在讨论使用哪种钢笔，还是我们跟谁做生意，这些都是无关紧要的，重要的是一切都是和个人有关的。

第二章给我们的启示

1. **一切都是与个人相关的。**是的，一切。需要证明吗？回想一下你最近一次失去的交易吧。你当时是平心静气的吗？你很理性地接收了吗？（我们认为没有。）

2. **反过来想一下。**如果一项艰难的谈判最终取得了对你有利的结果，你会是什么感觉？你也不能理性地接受，不是吗？这是为什么一切都和个人有关的另一个例子。

3. **随着谈判的进行……**记住，你要把交易个人化并且相应行事。

周一早晨要做的事情

√ 和顾客们谈一谈他们愿意和你做生意的原因。

√ 整理一份清单，列出那些和经济无关的原因。

√ 判断一下你能做什么来将这些优势转化为资本。

试一下下面的练习来彻底弄明白我们刚才所讨论的问题：

环顾一下你的办公室，挑出一件你没有任何偏见，对其完全中立的东西（比如你的订书机、曲别针等）。写一段关于它的话，尽可能好地展现它。

然后，想一下你深切关注的某样东西。比如，一位亲人、一个主意、一件产品，写一段关于它的话。

我们保证你写的第二段话会远远好好于第一段话，当你和某人或者某物产生个人关系的时候，这种关系就会自然地表现出来。

3

RELEVANCE

找出核心相关力

DIMENSIONS OF RELEVANCE (I): QUANTITATIVE

—— 一鞋难合众人脚 ——

ONE SIZE DOES NOT FIT ALL

3

几乎每个人都认为成功的创新始于伟大的创意，那么，人们几乎都错了。

伟大的创意是排在第二位的，你必须从敏锐的洞察力开始，因为它不仅能洞悉真相，而且还能帮助你完成一系列有意义的销售，允许你与更多人建立人际关系。

最终，洞察力还会使你的生活变得更加简单、节俭、富有、高效并且更有价值，如果它真正有意义的话。

这种洞察力除了能增加销量、收入以及市场份额之外，还会和你的顾客以及潜在顾客产生共鸣。要具有这种洞察力，最简单的方法就是把产品的某种特性和顾客的某种需求联系起来。然后，你必须展现出你所提供的商品，如何使他们的生活变得更加美好的。更加具体一点来说就是，你需要证明你所提供的东西能帮助顾客解决某个和他们具有相关力的问题，或者满足某种和他们具有相关力的需求。

为什么要从养成这种洞察力开始呢？很简单。正因为拿出主意轻而易举，洞察力才是最重要的。我们相信，如果有必要的话，你能在午餐前就想出20个好主意，从如何把乘坐喷气式飞机去工作变成怎样简化免税代码，几乎无所不包。

能想出创意并没有问题，但讽刺的是，要从这个创意开始就可能有问题了——即使这个创意是个伟大的创意也不例外。为什么呢？因为如果从一个创意开始，那么你不一定能和目标受众联系起来，这样的例子不胜枚举。下面，让我们对其中一个进行简单的分析吧。铱星卫星电话确实是一项伟大的发明，我们虽然是在猜想，但我们相信这个产品的灵感是这样产生的：

如果我们能创造出一种手机，它可以让你在世界上任何地点在任何时候都能给任何人打电话或者发电子邮件，那么，这将是一个多么伟大的壮举啊。在这里我们所说的任何地点就是指其字面上的意思：极地、海洋、天空以及在它们之间的任何地点。

这种电话即使在世界上最偏远的地区，在所有其他通信方式都失灵的地方依然能够保证通信往来，那么，这样一种电话谁会不想要呢？

如果你这样问的话，那么答案肯定是：当然每一个人都想要。

但是，当你开始给人们透露更多信息的时候，比如“这种电话价钱是多少？”“月租多少？”以及“每分钟的通话费是多少？”

你很快就会意识到真正想要这种电话并愿意去为它付钱的人并不多，还不足以支撑起对这种电话的投入。

这就是你不能从某个创意开始而要从洞察力开始的原因了，这种洞察力能够识别市场的需要以及市场愿意出多少钱购买。

你不可能满足所有人的所有要求，这是常识。

首先，事实上不可能存在一件能满足每一个人需求的产品。你也许会说，水不是吗？好吧。自来水还是天然泉水？苏打水还是瓶装水？品牌的还是进口的？单一水源的还是调过味道的？又或者是添加了维他命的？这下你总该明白了吧。甚至就连水，这个看起来最基本的商品也能够被而且已经被划分成无数的种类了。

其次，如果你试图满足所有人的所有要求，那么你的这种行为就是荒唐可笑的。想一下那些着装与自己的年龄不相称的人吧，那样会很不好看。如果你费心劳力地试图让每个人都对你的新式刨槽机感兴趣，或者你试图把那个新成立的男孩乐队变得“老少皆宜”，那么你的行为和不顾年龄乱穿衣服也没什么区别。

最后，想要触及最广泛的受众，你就需要做到极端的冷静。你不能因为任何可以想象的原因而去冒险得罪任何人，因为你寻求的是把每一个可能的顾客都吸引过来。而根据定义，冷淡的东西就是商品，而你和商品之间是没有情感联系的（你不相信我们？那么试想一下吧，你和自来水或者白色的球鞋带之间的联系能有多深？它们只是商品而已，而且不会得罪任何人，除非它们本身就有某种瑕疵。但是，你也不是对它们爱得死去活来）。

你不能想着满足所有人的所有要求，同时还保持着相关力。要具有相关力，你需要找到一种需求，而且这种需求是你能够满足对方的，然后满足核心受众的这种需求。你可以从这里开始。

你不妨画一个箭靶，这样，你就会理解这是如何运作的了。

你从正中心的靶心开始，然后向外移动到紧挨着靶心的那一环，然后在向外移动到下一环，然后继续向外移动。换句话说，你应该从你最强大的核心市场开始，然后（慢慢地）向外扩展。

一个强大的核心就是一个巨大的市场

我们强烈地认为，建立相关力的方法就是要创造一群对你忠诚的顾客，然后以他们为基础，不断向上向外扩展。

但是，对于这个基础，把它构建到具有意义时就可以了。你不可能满足所有人的所有要求，而且你对此做得越多，产品的吸引力越会大打折扣。

差不多每个人都会在这种逻辑面前让步，但是另外，有些人会说："你这么做，是要提供一部分人需要的特殊产品吗"?

我们的回答是未必。《星球大战》电影、星巴克以及STARZ有线电视频道的粉丝们都有一种狂热的忠诚，于是，他们就成了上述三种不同事物的核心受众，而且他们总的人数数以亿计。

但是，即使你的核心仅仅占据了你所在的整体市场的一小部分，你仍然有钱可赚。

卡洛驰的鞋子看起来样子怪怪的，在所有鞋类的年销量中，它只占据了很微不足道的一部分。但是，最近卡洛驰的年销量超过了10亿双。在个人电脑市场，苹果电脑仅占据了5%的份额，但是凭借着它多年经销高利润产品所积累的优势，苹果公司的现金销售额超过了1000亿美元。还有喜剧演员路易·舍克里，他也许拥有一批狂热的追随者，但是他成功绕过了传统的喜剧制作以及售票方式，只要5美元就可以通过电脑观看他的表演了。据大家所说，虽然他忠诚的追随者人数相对较少，但是他仍然能通过这样的方式发财致富。

关键就在于：一个强大的核心能够带来巨大的利益。

说起从核心受众开始着手，然后再进行有机扩展的例子，我们想到了一家叫作Zipcar的汽车租赁公司。在Zipcar公司于1999年开始营业以来，人们对于其他汽车租赁公司的需求就不那么强烈了。赫兹租车公司成立于1918年，而“暴发户”安飞士租车公司也早在1946年就开始了，所以，和它们进行漫无目的的全面竞争没有任何意义。在诸如阿拉莫、安飞士、巴吉、赫兹等租车公司的包围下，汽车租赁市场准确地说并不是属于供不应求的。在这种情况下，Zipcar公司并没有和这些竞争者进行正面的对抗，而是去追求另一种商机：那些没有车但是却经常用车的城市居民。就是从这里着手，公司开始扩张。首先从地域上进行扩张（也就是说把生意做到不同的城市里），然后通过目标人群开始扩张（即从一开始只针对城市里的年轻人扩展到针对所有年龄段的城市居民）。

当我们告诉客户，他们需要从打造基础开始，就像Zipcar公司所做的那样，有些人反对说：“如果我们仅仅得到10%的市场，那么剩下90%的市场不就被别人占走了吗。”我们对此的回答永远都是同样的，而且回答分为两部分。首先，没有哪一家公司能占有100%或者接近100%的市场份额，除非它是一个公共事业垄断公司或者一家垄断企业。如果是这样的话，那么政府会对它的收费进行严格控制。其次，如果你的竞争对手试图满足所有人的所有需求，那么他们也将会遇到和你同样的问题，而这对他们来说也是行不通的。

随着你逐渐地具有相关力，这也就成了为什么你需要从核心做起，然后再向外扩展的原因。

反过来想一下

反过来也是对的吗？你总是能找到和某人产生相关力的方法吗？

是的，但是有一些限制条件。

第一，你的产品不能糟糕透顶，你的服务也不能马马虎虎。那些一碰就散或者让我们的生活失去吸引力的东西，不管你怎么努力，也绝对不会具有相关力。

第二，当你在处理技术性很强事情或者是处在在高度专业化的领域，那么除了极少的一小群人之外，你可能根本就不会产生你所寻求的那种情感共鸣。比如，2012年夏天，"希格斯玻色子"的发现让物理学家们彻底地发狂，而对于我们非物理学家们来说，这个发现也很重要，因为科学家们长期以来一直都想搞明白原子中的电子、质子和中子到底是怎样获得质量的。没有质量，粒子就不会聚在一起，那么物质就不会存在，但普通人对此却并不热情。

英国物理学家彼得·希格斯在20世纪60年代推理出有一种尚未被发现的粒子，这种粒子形成某种“黏性”力场把各种粒子聚集在一起。而在2012年7月首次发现的这种未知波色子似乎也证实了希格斯的理论，后来在2013年3月它被确认证实并被命名为“希格斯波色子”。

你能让这次发现和非物理学家们相关联起来吗？嗯，你一开始可以告诉他们“希格斯波色子”的发现解释了宇宙中生命的存在以及生命的多样性。但是，当你进一步详细地向他们解释为什么会这样的时候，人们或许就会陷入云里雾里而不知所云了。

幸运的是，我们所面临的的绝大多数相关力问题都没有那么困难……尽管从表面上看是这样的。

比如下面这个挑战性的问题：你想要把一种质量平平的木炭烤架推销给一位63岁的老妇人，她自己一个人生活在大城市的市中心，而且还有，她是一个素食主义者。

第一，你怎样才能使这个烤架和她具有相关力呢？那么，你要做的就是告诉她这种烤架的不仅仅只能用来烤肉，它还能改进蔬菜汉堡以及蔬菜的口感。因此，在素食主义的出版物中做广告时，你也许还要在广告后面加上一句时髦用语，比如“洗心革面，从素而行”。

第二，你需要超脱于字面上的意思之外，你需要传播这样的一种观念，即烤架仅仅是一种我们用来做菜的工具。在进行娱乐的时候，人们无一例外地最后都会转到吃上来，这样一来，户外烤架就是你的户外厨房。因此，你可以对那位女士说有了这个新烤架，那么她的户外娱乐活动就可以高枕无忧了。于是，这样就把她和烤架相关联了起来。

第三，你可以宣扬夸大她的独立意识。在传统上，烤架一直都是由男人所主宰，而你可以宣扬说，这种烤架是女性维护自己同等权利的一种方式（我们在第三章中将会探讨更多关于这些心理因素的话题）。

第四，在推销这种烤架的时候，针对你的目标顾客，你可以把这种烤架用来炫耀她的反传统卖点。一般来说，看到烤架，人们都会想到生活在郊区的人，而这里有一位城里的女士，而且还是一个素食主义者正在使用它（最好是经常使用）。

这里的重点是，市场细分的确有助于找出什么才是和你的顾客具有相关力的。但是，市场细分所包含的远远不只是我们想到的那些常见因素，而且根据不同的环境或者时间，它还有可能会发生急剧的变化。

我们都知道那些常见的因素，你可以把目标按照下面的因素划分：年龄、收入、性别、教育水平、地理位置、生活经历、兴趣、政治倾向以及宗教信仰。

这是一个好的开端，但你还需要做很多事情。

你可以按照不同的情形来细分。比如，自2008年以来经济大衰退一直徘徊不去，由此造成的失业和厄运使很多东西，包括一元商店、公共住房以及快餐店里99美分的特价菜等和一大批人都相关联起来。但是，对于许多人而言，他们在以前是绝对不沾这些东西的。换一个愉快一点的例子，不管是在巴黎还是在旧金山，想吃到一顿糟糕的饭菜是极度困难的，这是有原因的。由于这些城市的居民对于食物见多识广而且对于食物质量的要求也很高，因此这些城市的现状就是，那些达不到标准的餐馆很快就会停业倒闭。

你还可以按照时代来划分，汽车公司在这方面可以说是行家里手。在婴儿潮出生的一代人还会记得那个庞迪克汽车的老广告，这个广告要那些盘算着买车的人去“征询专家的意见”。这里的专家指的就是那些喜欢购买庞迪克大尺寸、大马力、高油耗“肌肉车”的年轻人，而在很多情况下这些年轻人还只是青少年。而我们大多数人可能都还会记得那个“再也不是你父亲那种奥兹莫比尔”的广告宣传，在广告中，名人们在他们更为著名的父亲们前面吹捧新一代奥兹莫比汽车的优点。你甚至不需要按照整代来划分，澳大利亚零售品牌吉利·希克斯的目标市场是11岁到16岁之间的女孩。

我们将会在下面的两章中谈一下以思考、感官吸引力、群体、价值以及内容、背景和接触为基础的市场细分。

需要牢记的几件事

显而易见的是，一旦你进行了细分，那么就别想着一劳永逸了，因为所有的因素都在快速地发生着变化。比如，那些本来不相关的东西忽然变得具有相关力了，或者那些本来具有相关力的东西又忽然变得不相关了。让我们来分别举一个例子。

还记得苹果公司曾经推出过一款牛顿牌掌上设备吗？或许你已经不记得了。在1992年，苹果揭开了这款个人数字助理（掌上电脑）的面纱。它是一种通信工具，和家用录像带的大小差不多，并且拥有很多我们现在手机上使用的特色功能，比如，笔记本、日历、地址簿等。它还拥有一个最原始的应用，就像苹果的语音助手那样，可以让你通过语音发布指令。问题在哪儿呢？那就是市场还没有准备好迎接它的到来。

说到那些在市场待了太久的产品或者创意，你只需要看一下衣橱后面那些你再也不穿的衣服就可以了。

> 如果你不能做到每六个月就观察一下那些使你相关联的因素，那么你就会有迅速变得不相关的风险。

在着手开始进行市场细分的时候，你可以从你的产品开始。也就是说，你可以考虑一下如何让你的产品，比如烤架，和市场的特定部分，比如素食主义的老年妇女相关联起来。又或者你可以从市场的现状开始，然后看一下从什么地方进入比较合适。（“嗯。20多岁以及30岁出头的年轻人是社会感知最强、社会交往最深的一代人。那么，我们从哪里融入他们呢？我们怎样才能融入进去呢？”）

继续以木炭烤架为例。金丝福德公司发起了一场声势浩大的营销活动，它鼓励人们在橄榄球赛季的时候在自己的后院举办车尾派对，这在当时取得了巨大的成功。

但是，从哪儿开始确实并不重要，重要的是你要去做。如果你进行了市场细分，那么你就能更加轻易地建立联系，而且这种联系还能够更加深入，那么，你就是在真正地解决某个问题或者改善某人的生活。这种联系也就多了一种情感的组成部分，而这就是你一直在寻找的东西，正是这种情感的联系才会使人们改变行为或者在很长一段时间内一直支持你。

如果没有细分，那么你就没有建立联系，这样你的营销资金就浪费了，因为在你没有相关力的情况下还要让人们去关注你的信息就会变得更加困难。而且，你会发现你以后再也不可能获得增长，你将会失去创新能力——如果你不知道顾客的需求是什么，那么你又怎么可能给顾客提供他们强烈需求的新产品和服务？

不要过火

想到我们刚刚说过的那一切，你也许有了马上行动的冲动（这是好事），但是，如果行动得过快，那么你很有可能会犯两个极为常见的错误。

第一，你也许会做出一些在整体上或对或错的假设，但这些假设肯定不会完全正确。比如，根据某些初步研究，你可能会推断所有的奔驰车车主都喝星巴克咖啡，做出这种过于宽泛的假设是有某种危险的。

第二，行动过快带来的问题在于它会带我们兜一个大圈走回原处。你可能会找到五到六种方法来使你的东西和你的目标受众相关联起来，然后你就会想："让我们拿出所有这六种东西以确保我们能真正地联系起来。"如果你走了这一条路，那么真会有人感到困惑。

硬盘数字录像机是迈克·马多克在这方面最喜欢引用的例子，他使我们相信，硬盘数字录像机花了如此长的时间才赢得人心，其原因就是这家公司过去一直没有搞明白客户的需求是什么。

和许多其他创新型的产品和服务一样，硬盘数字录像机所面临的挑战是它有能力满足太多不同种类的需求了。它能够录制任何你想要的节目，于是它取代了你的盒式磁带录像机（你还记得这个吧）。它能够预测并且找到你可能会感兴趣的节目，于是它又取代了你好朋友的推荐。它还可以让你跳过商业广告，因此给你更多的时间做你喜爱的事情。拥有一台硬盘数字录像机能给你带来许多许多好处，上面所说的只是九牛一毛。所有这些好处听起来都很棒，而事实也证明使用起来真的是太棒了。长久以来，这家公司一直在试图推广它的所有特色，想吸引尽可能多的顾客，到头来却使大众陷入困惑之中。

后来，这家公司终于发现，硬盘数字录像机最强的卖点也许就是它使用起来比盒式磁带录像机更加容易，但在这个时候，它已经浪费了巨大的人力物力。如果它的营销人员能够早点聚焦于其中的一个需求之上，并且让评论家和消费者自己去发现所有其他的特色，那么，这件伟大的产品很可能早就占据了市场的主导地位。

要点在于：抓住一到两个对你的受众来说真正重要的东西，而不是眉毛胡子一把抓。

第三章给我们的启示

1. 要确保你是相关的，就要找到你的产品、服务、创意或者候选人能使人们的生活变得更好的方法，并且从这里开始做起。

2. 集中精力于你的产品/信息所具有的一个最重要的特色，因为你不可能满足所有人的所有需求。

3. 在寻找受众的时候，一定要明确你的核心，然后从核心向外扩展。

周一早晨要做的事情

√ 弄清楚你的产品和服务能具有相关力的所有可能的方法。

√ 根据这些方法所能解决的最大问题并进行排列。

√ 根据需求对市场进行细分，使之更加接近你的顾客和潜在顾客。

试一下下面的练习来彻底弄明白我们刚才所讨论的问题：

不管我们说过多少次，在着手寻找吸引顾客的方法的时候，人们依然倾向于从所谓的“了不起的好主意”开始。

为了证明这不应该成为你的出发点，你可以做一下下面的事情。花五分钟列出一个清单，列出你能够想到的尽可能多的革命性的想法，即使它们并不可行。比如，包括诸如永动机、自动海水淡化厂之类的东西。

接下来，努力找出五个商业的或者消费者的需求。你会发现，列第二张清单的难度要远远大于第一张清单，尽管列出需求清单更加困难，但它仍然是你开始的地方。

4

RELEVANCE

相关力四要素如何影响消费者

DIMENSIONS OF RELEVANCE(II): QUALITATIVE

—— 思考、感官吸引力、群体、价值 ——

EXPLORING
THE RELEVANCE EGG

4

在第三章，我们了解了根据人们的需求把他们划分为不同的类别，以便找到方法来定位我们所提供的东西，即我们的产品、服务和创意，而且在定位的时候还要采用和人们具有相关力的方法。在这里，我们将要谈论用不同的方式进行市场细分：理解人们和我们出售的产品之间的关系。

为什么还是这样划分为好？原因有多种。第一，人们和创意、行动以及物品之间的关系并非是双重的，而且这种关系也不是平等的。你也许会喜欢银行，同时，你也喜欢你的孩子们。但是，如果仅仅从这两句话中你就得出结论说——你对孩子和银行的喜爱程度是一样的，那么你就大错特错了。

第二，你试图接触到的人，他们并非都是以同样的方式和每件事相关联。你所选择的慈善事业，与你开的汽车相比也许对你更有意义，但是，对于汽车爱好者来说，汽车或许就是这个世界上最重要的东西。

举个例子，在我们的四象限模型中，我们把这种模型称为“相关蛋”，我们发现在涉及商业实体的时候，那种功能方面的吸引力显而易见地占有支配地位。人们希望在商业交易中获得价值：最佳的价格、最短的交易时间、物超所值等。简而言之，在涉及选择相关力时，主要问题就是：这笔交易能满足我的功能性需求吗？（正如哈佛商学院教授西奥多·莱维特在50年前写到的那样：“人们不想买一个四分之一英寸的钻头，而是想要一个四分之一英寸深的洞。”）

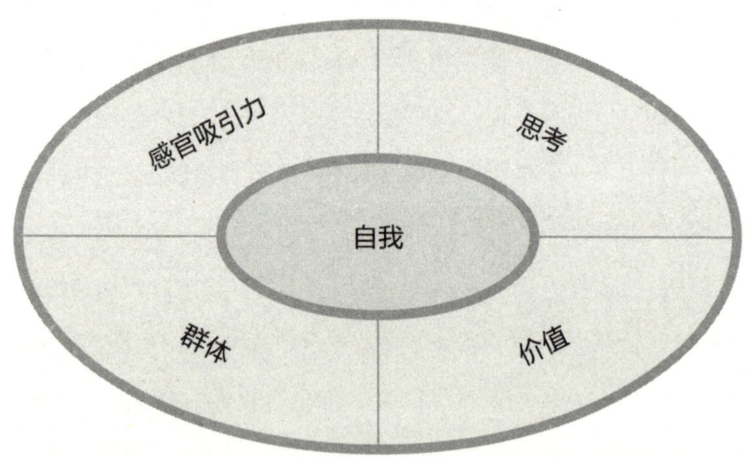

然而，对于“事业”或者非营利性的机构来说，这种功能性的元素就不那么重要了。在谈到人们是否会支持某个政客、政党或某些运动、非营利组织的时候，起决定性作用的就是价值——这个候选人、政党或者非营利组织所相信和支持的是什么，以及他们的信念和所代表的东西是怎样与个人的信念紧密结合起来的。

第三，并不是每个人在表面上看起来都一样。比如，男人不可能对同样的事情做出完全一致的反应。比如，不同代的人对事情的看法往往也会不同，生活在中上层阶级郊区并且已经年逾花甲的男性，对于把他们的缴税都用于支持城镇的优越学校教育也许会心怀怨恨，因为他们自己的孩子都已经长大而且搬离了城镇。而对于那些三四十岁而且孩子还在上学的男性来讲，这些税务也许就不那么令他们发狂了。而且，他们会认为这些高税收对于保证他们的孩子能顺利考入一所好大学的光明前景来说也是绝对必要的。当然，这种观点的分歧具有直观的含义。但是，如果你所做的一切只是看一下“男性”对于当地税收的反应，那么，你就没有抓住重点。

一谈到人们的生活，那些相关的东西就会发生显著的变化，而变化的基础可以是我们正在讨论的产品、服务、创意的种类，也可以是人们的年龄、感觉、信仰、背景以及历史等，这就是为什么在判断你所提供的东西哪些具有相关力而哪些不具有相关力的时候，定性划分会显得如此重要。

你也许会说，好吧，这些都能说得通。但是，难道定性的划分不是非常含混不清的吗？

在某种程度上，我们也不得不承认就是如此。但是，生活本身就是模糊的，尤其是在人们试图为他们做出的选择进行解释的时候。

回想一下我们前面所进行的关于美国人如此富有同情心的简短讨论吧。那么，同情心则以一种有趣且的方式贯穿于我们的相关蛋中所涉及的全部四个范畴。

- 首先，共情的行为能够很容易就获得别人的好感。
- 其次，同情心呼吁公平公正的价值。
- 再次，利他主义被普遍视为对群体和家族共同利益的贡献者。
- 最后，由于情感的联系是纠缠不清的，同情心会产生情感上的和感官上的依赖，这种依赖不仅抓住了人的想象力，而且还会和他人产生一种出于本能的联系。

行为研究表明，我们都会编造出一些“客观的”理由，来解释我们为什么会买某种咖啡或者资助某个特定的慈善组织，但是这些理由很少能说明全部的问题。我们经常会做出一些决定，然后再找到与之相符的证据来支持那些已经做出的决定。某个人也许会对你说，他之所以购买索尼高清电视，就是因为他做了广泛的研究或者是因为“长期以来我一直都很喜欢这个品牌”。所有这些或许都是真的，但是，他购买索尼的真正原因呢？可能是因为他喜欢索尼电视机在关闭之后的样子，还有可能是因为朋友们对他购买的这套索尼Bravia（译者注：Best Resolution Audio Visual Integrated Architecture的首字母缩写，即日本索尼在新一代的电视品牌最高品质的影音整合架构）电视赞叹不已，或者是因为他对自己小时候用过的索尼随身听有着美好的回忆，又或者是这三种原因兼而有之。

如果你问他关于这台电视机的性能方面的事情，比如，画面质量以及它有多么省电等，他会告诉你这些都是他购买这台电视机的客观和理性原因。但是，现实却表明实际情况要比这复杂得多。在做定性研究的时候，你需要找出这位顾客选择索尼的潜在原因，你要努力去搞明白这种模糊的状态。

一旦你开始着手处理——他给了你两到三个购买的理由，你就可以进行一些严密的定量测验，来看一下你的发现是否是正确的。索尼的顾客有几成是因为这家公司的品牌卓著才购买的，又有多少仅仅是因为这台电视在关掉画面时候的外观，等等。通过“跟随”这些顾客在互联网上的足迹，你可以看到他们实际上都买了什么，这样就能够获取额外的定量数据。但是，关键就是要获取在理性之外的数据（比如，“我买索尼Bravia是因为它具有出色的像素密度”），这种基本的硬件原因肯定也会影响到顾客最终的购买决定。索尼的这款电视机或许确实在画质和音效上比其他品牌都要更加出色，或者顾客可以在他最喜爱的零售商那里获得打折优惠。但是，常识告诉我们，理性几乎不会是某人决定购买某个产品或者使用某个服务的唯一原因，想要获得你有可能得到的所有信息，这样就可以理解为什么有的人会觉得你提供的东西具有相关力而另一些人则不会。

> 你从数字中可以得到的东西是有限度的，人不是数字，他们比数字更加复杂和令人困惑，这就是为什么你要在做定量测验的同时还要去做定性测验。

在开始寻找和相关力之间的联系时，人们通常会从理性的方面入手，这当然是没有问题的。但是，你要做的不止这些。我们的相关力模型看起来就像是一个被分成四个部分的鸡蛋，这样做是有原因的。

是什么原因呢？我们每个人都会对不同的方面做出反应，在感官吸引、群体支持、价值以及理性（在“相关蛋”中，我们称之为思考）的基础上，我们可以与人、观点、行为和事物进行互动。正如索尼电视的例子，顾客的选择并不一定仅仅是依据理性。再看另一个例子：一位职业高尔夫球员对球棒的要求是制作精良、准确无误以及牢固可靠，但是，他还需要球棒手感舒适，甚至在击球时能达到“声音精准”。

因此，那些被认为具有相关力的事物的框架会根据不同的环境而发生变化（在下一章我们会对此进行详细的阐述，同时对相关力和环境，具体来说就是内容、背景和接触进行讨论）。

> 我们相信相关力是沟通交流中新的当务之急。我们生活的环境越加混乱，人们的注意力周期越来越短，而消费者的怀疑也越来越多。在这样一个多渠道的世界，人们拥有者越来越多的选择，这就使得建立联系变得越来越困难，同时也越来越重要。

在我们所命名的四个定性的组成部分之外，是否能有更多的组成部分呢？当然可以。在着手创建由四部分组成的“鸡蛋”模型时，我们对这些组成部分进行过无休止的讨论，其中就有是否把“情感”作为一个独立的组成部分纳入进来。在产生相关力方面，情感显然是一个非常大的影响因素。

这也就是说，“情感”开拓了一条宽广的道路，在鸡蛋模型的四个象限中，三个里面都出现了它。显然，感觉能触发情感，群体（你爱你的家庭）以及价值（作为世界上最坚定的民主党人，你不喜欢大多数共和党人）也能如此，我们本能够把情感划分为独立的一部分而不是把它当成其他概念的子集。与此相似，习惯也本可以作为一个独立的部分而不是被归入到思考和感官中（习惯的形成往往是因为它们所产生的感官奖励。例如，每天在完成第一项艰巨任务之后，你都要喝一杯咖啡）。经济相关力也能够拥有自己独立的分类，而不是作为思考的一部分。接下来还有暂时相关力。青年时期对你来说很重要的东西，也许在你62岁的时候就没有什么相关力了。相反地，在你退休之后对你很重要的东西，比如，能去最好的医院看最好的医生，也许在你30多岁的时候没有任何相关力。因此，我们本能够把暂时相关力也作为我们模型中一个独立的部分的。

当然，我们也可以利用亚伯拉罕·马斯洛著名的需求等级——生理需求（食物、水），安全，爱/归属感，以及诸如此类的东西来把信息进行完全不同的分割，或者我们也可以利用VALS体系（价值、态度和生活方式）所使用的心理学统计的途径来创建以下分类，比如，创新者、思考者、体验者等，然后再据此收集定性的数据。但是，即使我们运用其他方法来作为“相关蛋”的基础依据，最后我们都会遭遇故障。

我们所追求的是一个框架，而这个框架能帮助我们理解人们是如何把自己和观点、事业、行动、事物等联系起来的。我们并不是在试图划分人，而是在努力理解并划分人与事物之间的关系——这些事物就是观点、经历、购买物等诸如此类的东西，这是一个微妙但是很重要的区别。

我们已经的确定的四个部分涵盖了许多方面，这个模型可以根据使用者的需求而进化、变形、生长或收缩，我们正在关注的分类则构成了人们和自身以外事物之间关系的基础。如果其他人想把他们的分类添加到我们的分类清单中，我们也是十分赞成的。

这里要说的重点是你应该把这些分类看成诊断方法。我们并不是说只有这四种分类是至关重要的，但这是一个简单实用的方法来划分和构造你对相关力达成方式的理解；一旦你明白了这四个象限，你就能够充分编排利用每一个因素了，比如技术。你可能会问：“技术是如何改变群体的定性感知的呢？”简短地回答就是，“极大地改变。”互联网，更具体一点来说，就是诸如脸谱网、领英网之类的平台能够允许从未见过面的人们创建遍及全球的社区。了解了这一点，你就可以问问自己：我们该怎样为居住在从阿拉斯加到安哥拉再到澳大利亚等世界各地的会员们创造相关力？

了解了所有这些背景，接下来让我们更加详细地看一下这些分类吧。

思考 这一部分包含了你的“左”脑（负责逻辑思考的部分）绝大多数的活动。它是功能性的，它关心的是产品的具体信息，比如价格、特色以及在哪儿能买到它。大多数对于相关力的需求都始于思考：“我买它是因为价格便宜。”“我选择这个是因为它好用。”“我决定要这一个是因为我正好有急用。”这就是包含了人们所有理性需求的划分：“需要一辆价钱以及保养都不那么昂贵的汽车吗？来我们这里吧。”

群体 在这里，我们谈论的是关系以及情境因素，它包括诸如团体（广义上不仅仅指工作团体）、同龄人、社会规范、职业规范（会计和你碰面进行税收评估的时候，他绝对不会穿T恤、短裤和人字拖）、社会趋势以及文化环境（你认识的人中有谁会因为自己是吸烟者而引以为豪的吗）。

价值 这些就是伦理的、道德的以及以信仰为本的元素，这些元素把你和外物联系了起来。这也许会包含你做礼拜的场所、你看待世界的方式，它可以很简单，就像用一句话来表达你所相信的是什么那样简单，比如，“我赞成人工流产合法化”或者“我反对人工流产合法化”。它也可以很复杂，就像你审视人类命运那样复杂。就像上面所说的那样，价值这个类别可能会包含极为广泛的范畴。比如，说到价值，根据博达公关公司对人们的调查，福特汽车公司比其他任何一家汽车公司的得分都要高。在上一个十年结束的时候，所有的汽车公司都陷入苦苦挣扎的境地，而福特公司却没有接受救援资金，是这个原因吗？

感官吸引力 零售业和酒店业的顾客得到了感官。这个类别包含了你所看到、触摸到的、闻到的以及听到的一切，而这一切又构成了某种交互作用的一部分。新车的气味是产生有效感官的经典范例，一家时装店所播放的音乐也是它感官的一部分，感官还包括舒适、安全以及日常习惯之类的事情。正如我们看到的那样，这一个分类是被极度低估了的。

相关蛋提供了一种方法来审视多种不同因素，比如，零售品牌都有着截然不同的形象，大多数都是围绕着一个或两个特色因素组织起来的。对于沃尔玛来说，就是实用性和功能性的因素。而对于塔吉特（Target）公司来说，除了实用性和功能性因素之外，它还有具有吸引感官的能力，这也许就解释了为什么近年来塔吉特公司在某些指标上已经超过了它强大的竞争对手。

你可以用任意数量的方法对信息进行仔细分析，然后找出结论并向前看，这就是我们在下一章中将要做得事情。

第四章给我们的启示

1. **不要忽视为你产品或服务创建情感的联系。**我们都不像自己认为的那样理性，我们的顾客也是如此。

2. **在相关蛋的四个象限中去寻找你能够打造这种联系的地方。**

3. **不要担心这个模型会变得“模糊”。**人们本身就是模糊不清的。

周一早晨要做的事情

√ 把你的产品、服务、创意整理归类到四个象限中。

√ 把你顶级客户和前景展望列一个清单。

√ 寻找方法把这些客户、前景和其中一个象限搭配起来，产生双方最佳的共鸣。

试一下下面的练习来彻底弄明白我们刚才所讨论的问题。

这四个象限将会应用于你的每一件产品或服务上，即使它在表面看起来并非如此。记住这一点，然后提高你对于这四个象限的舒适度。要提高舒适度，你可以先用某些看起来只适用于其中一个象限的东西，然后把它延展到所有四个象限。

比如，你如何去说富有逻辑头脑（思考）的史波克先生（电影《星际迷航》中的人物），然后依据感官吸引力、群体以及价值的分类使他对某人产生吸引力？

再比如，你如何去推销二号铅笔，我们都很喜欢它那种熟悉的感觉，然后使它在思考、群体以及价值的分类中也具有吸引力。

又或者是美国妇女选民联盟，你能在思考、感官吸引力和价值的基础上扩大它的影响范围吗？

有没有方法能使黄金法则——如果有的话，那么它就是一项以价值为基础的主张，在思考、感官吸引力以及群体的基础上变得更加重要？

5

RELEVANCE

相关力取决于环境

DIMENSIONS OF RELEVANCE (III): CIRCUMSTANCES

—— 内容、背景和媒介 ——

CONTENT, CONTEXT, AND CONTACT

5

到现在为止，我们或许已经使你相信具有（并且保持）相关力要比你想象的更为复杂。当然，确实如此，而且它正变得越来越复杂。例如，相关力取决于环境，而且我们可以把环境分解为三个部分：内容、背景和媒介。

内容

沟通交流的内容，比如网页上的文字和图片，是把相关力传递给受众的最主要途径。这个网页的例子可以使你更好地了解我们所谈论的东西：文字、图片、视频、所有形式的社会媒体以及对话，它们共同构成了内容。

当然，这里的内容包含了口口相传的话语。如果你最好的朋友能极力推荐你去看一部最新上映的约会电影，那么这将会比任何广告、预告片或者采访电影明星的方式有效百倍。

正因为内容如此重要，我们专门针对酒店进行了一项对话相关力的研究，并把它作为一个试点来分析是什么推动了对话以及决定了人们对于酒店的选择。

不必惊讶，我们的研究把注意力都集中在了相关蛋的四个象限。

1. 思考（功能性的）：人们所寻找的实用属性。

2. 感官吸引力：酒店最具感官并且使宾顾客最感兴趣的地方是什么。

3. 群体：顾客能够引以为荣并且乐意分享的特色是什么。

4. 价值：人们所羡慕的，也就是那些反映了他们个人信仰的东西是什么。

我们仔细观察了十家连锁酒店：最佳西方酒店、四季酒店、希尔顿酒店、假日酒店、凯悦酒店、万豪酒店、丽笙酒店、丽思卡尔顿酒店、喜来登酒店以及温德姆酒店。我们发现：希尔顿酒店、万豪酒店和四季酒店拥有最高的对话相关力，而且它们也是在社交媒体对话中得到人们最多肯定的四家连锁酒店。

思考相关力（功能性）的关键因素是酒店服务、位置和娱乐设施，房间的功能以及回馈奖励，在这方面，万豪酒店和希尔顿酒店得分最高。

感官相关力的关键因素在于视觉（景观）、味觉（食物）以及触觉（淋浴），在这个类别中，丽丝卡尔顿酒店则独占鳌头。

群体相关力的关键因素在于同龄人的评价、被认为是“同类最佳”以及和“奢侈”联系在一起，在这个分类中，四季酒店是胜出者。

价值相关力的关键因素在于管理和基于员工的服务意识、奢侈以及对于质量的承诺，在这个类别中，四季酒店依然领先一步。

但是，对话显然已经远远不止是网上聊天或者发布推特了。比如，你正在参加当地医院的一次聚会，它和你平常参加的聚会有所不同。你也不是医师，而且你和医疗保健专业人士有过的接触也仅仅局限于生病的时候去看病或者参加每年一次的体检。

不管怎样，你去参加了聚会，而人们谈论的话题转到了医生们的几位医生朋友正在中美洲从事的工作。正常情况下，如果你读过关于这个工作的新闻报道或者看过电视片段，那么你可能会参与进来。或许，你还能尽情表达出你喜欢无国界医生组织和国际医疗队的工作等。

你已经身在其中，而且你发现他们的谈话很吸引人，他们所做的慈善工作也很引人注目。于是，在不知不觉中，你就会看好日期，并答应在休假的时候去中美洲做志愿者。这样内容就在私人谈话中得到了分享，而这又使内容具有了更为强大的影响力，正是这种环境带来了极大的转变。

让我们再深入一点。

内容比你刚开始认为要更加复杂，除了通常的对话、商业广告以及各种形式的媒体之外，内容还包括电子邮件，尤其是那些被广告主“推出”的电子邮件以及各种各样的客户关系管理（CRM）数据库，这种数据库常常被人们用来发掘可能会在目标人群中引起反应的关键词。

举个例子，你正在推广某个东西，比如一个环保组织，而这个组织致力于保护尽可能多的开放空间。那么，你就要以土地有联系的人为目标而创造内容，他们有可能生活在海边、山区或者是被大量空地所环绕的地方。在和他们的沟通交流中，你需要展示海洋以及人们与海洋之间的交互作用（冲浪、划船、捕鱼），然后，你需要强调他们的贡献，他们能帮助保护大自然，不仅为当代人的利益也为子孙后代的利益。进去作为这种沟通交流的一部分，那么就不会产生什么负面影响。

这给我们提出了很重要的一点，在创造内容的时候，你需要时刻牢记终端用户。你也许会问，如果不这样做会怎么样呢？好吧，答案也很简单。在很多时候，信息都是人创造的，而这些人最优先的考虑就是确保他们的老板对结果感到满意，终端用户就被远远地甩在了后面。结果，基于对老板的考虑，各种信息就被制造了出来。但是，对一个55岁的男性管理人员具有吸引力的东西也许根本就不会使终端群体30多岁的女性产生共鸣。或者，再回到非营利性环保组织那里，也许批准某个文件的就是一个狂热的帆板和滑翔伞运动的爱好者，但这些或许并不是捐助者的主要兴趣所在。

不仅仅是话语

内容远远不只是我们使用的包含了要传达的整体信息的话语——这些话语有大有小，有的政治中立也有的政治偏激。比如，长期以来，你绝对不会从某家金融服务公司、经纪公司或者是银行的广告中找到任何幽默的成分。这里所进行的思考就是，“你正在谈论我的钱，处理我的投资一点儿也不能儿戏”。

好吧，现在仍然不会有许多单口喜剧演员从公司的广告中取材，而且，从那些专门为富人服务的公司所传达出的信息依然是极端严肃的。但是，有些先前非常严肃的银行现在变得很乐意加入一点幽默元素了。比如，里吉斯·菲尔宾和凯利·瑞帕为道明银行所拍的广告。事实上还真有一个叫作乡下人银行的机构，它是威奇塔银行的网上分支。威奇塔银行成立于1913年，是一家广受尊敬的“乡村”银行，而且它“由联邦存款保险公司进行担保，就像所有的正统银行一样”！这个广告的某些样本是这样的：“我们都想尽情开怀大笑，但满足您的银行服务需求一点儿也不能当儿戏。乡下人银行经验丰富，能给您提供优质的传统服务！你可以在网上开设账户。网上账户没有最低余额限制，没有每月的维护费用，更重要的是它能给您带来更高的利息，更多的免费服务，并使您感受到银行的‘乐趣’！”

乡下人银行的例子提出了关于内容的很重要的一点，你一定不要妄自做出假设。当然，金钱是一个严肃的话题，当然，仍有一部分人并不认为它是个生死攸关的大事。如果一家银行能提供免费核算而且确实是由联邦政府担保，而你则相信从本质上来说银行都没什么两样，那还有什么好说的，为什么不去一家更加有趣味的银行呢？很明显，乡下人银行并不适用于所有人，但这不正是差异化的全部意义所在吗？

说到银行，我们就想起了一个关于做出错误假设的例子，这个例子来自《邻家的百万富翁》这本书：一家银行相信自己能够极大地提高利润，于是它着手去联系净资产至少达到一百万美元的潜在客户，这些百万富翁们受到银行的盛情邀请去它的总部参加一次聚会。当这些潜在客户来到会场的时候，他们发现穿着燕尾服的乐队正在演奏经典音乐，会场上香槟和鱼子酱随处可见，用一句话来说就是整体的格调透着奢华大气。

但是，这次聚会却是个彻头彻尾的失败。

这些富翁们纷纷以能多快就多快的速度离开了会场，甚至连一口酒也没喝，一口鱼卵也没有吃。问题出在哪儿？这些百万富翁们就是一些平民百姓，他们不过就是靠着自己开的连锁干洗店或者制盒工厂发了点财。在平时他们不喝香槟，当然也不会吃鱼子酱。对他们来说，一瓶十五美元的白酒或者某些进口的啤酒就已经足够好了。

这个故事自然而然地把我们过渡到了对环境所进行的讨论的下一部分。

背景

这里的背景是指时间和空间。在一个背景中具有相关力的东西，比如在棒球比赛中你穿的衣服，或许在另一个背景中就不具有相关力。你需要调整或者定位你的信息，设定一个背景。说到募捐，让我们回到前面提到过的那个环保慈善组织。如果你要把信息传达给组织的成员们，那么他们领会你的意思的最佳方式是什么？根据我们在前四章中所谈到的内容，首先要搞清楚你试图影响的具体对象是谁。在这里，捐款大户是一位典型的六十出头的女士，而她的生活很“接地气”，也就是说，她在海边或者山区拥有一套房子，并且在某个大城市附近拥有至少一套住宅。

因此，如果你的目标人群是生活在马萨诸塞州南北海岸的人，那么，你也许得在波士顿市中心举办一场活动。也许你会请来一位名厨，安排一次菜品品尝或者组织一次室内大型公园的游园活动，而对于自行车骑行活动或者“募捐长跑”，你则会把它们留给更加年轻的城里人。

背景明显地限定了你对于信息的体验方式，但是，不仅仅某人能够为你创建背景，比如举办活动的慈善组织、环保机构而且你的经历也能如此。比如，如果你的父母正在快速变老，那么关于老年人保健、养老院、遗产规划等诸如此类的广告突然之间就会和你极度相关联起来。如果你经历了离婚、丧偶或者收养了孩子，那么和你具有相关力的东西也会发生变化。

生活中每一个特殊时刻所发生的事件都能产生相关力，于是就有了环境相关力。如果你的爱人需要在欧洲待三个月，那么也许以前你从来没有认真花时间想过事情，比如通过Skype和你的爱人进行通话，就会马上变得重要起来。

美国银行在一次针对大学生的活动中完美地利用了环境相关

力（大学就是一个具体的环境）。如果你在校期间开了一个账户，你就会得到五张“反悔”卡。它的作用是，如果你在财务上做了某些蠢事，比如透支了你的银行账户，那么在去银行的时候，你就可以出示这些卡片，然后由于你的轻率行为而造成的费用就会被免除。

> 在最高水平上，背景又是令人难以置信的简单，你会赞助一项湿T恤比赛或者一场交响音乐会吗？

当我们在谈论内容的时候，我们警告过你不应该随便做出假设。那么在谈到背景的时候，让我们去考虑一下别的东西吧。

不能仅仅因为你是一个投资银行家，就意味着你不能是一个摇滚乐的真正粉丝，而多年的摇滚乐粉丝也可以是高尔夫球员。而我们前面谈到的那位具有环保意识的62岁的女士，她最喜欢做的事情也许就是在周末去打猎（这种消遣活动并不是前后矛盾的，她在打猎时所瞄准的都是那些使大自然的平衡发生紊乱的动物）。

所有这一切都论证了某些获得相关力的有趣的方法，可能最开始是反直觉的。比如，你能在摇滚音乐会上卖高尔夫球棍吗？不仅某些常去听音乐会的人是高尔夫球粉丝，而且某些摇滚歌手对待高尔夫也很认真并且也是打高尔夫的一把好手。与之相类似，你能把摇滚乐手引入环保活动中来吗？这又是一个天作之合。摇滚乐手布拉德·帕斯利和卡洛尔·金虽然有着诸多不同，但他们都是环保主义者。

媒介

环境的最后一个主导着相关力的部分就是媒介本身了，你如何在现实中去伸出臂膀，拥抱世界（正如美国电报电话公司过去常说的那样）？既然我们所讨论的每一件事情，其出发点都是你想要去影响的人，那么我们将谈一下他们所受到的信息的来源，这里有五种不同的渠道可以用来接触联系。

家庭　这里的家庭所包含的范围比你想得更加广泛。作为市场营销人员，你肯定能够把你的信息和某人直系亲属中的一员相关联起来（“钻石恒久远，一颗永流传”）。但是你的信息也可以瞄准工作家庭的群体——由同事组成的联系紧密的小团体，而且它也可以进一步延伸。比如，大学教授们也许会认为自己属于同一个学术“家庭”，同性恋者之间也许会产生一种亲情般的感觉。那些拥有某些共同关切的人或者事情也是如此，比如，那些养大丹狗的家庭。

经济　在这里，你将会接触到受众的经济生活。比如，信息有可能是关于金融安全的。显然，你需要依据年龄进行细分。在某人20多岁的时候具有相关力的东西和她到了60多岁的时候具有相关力的东西有着天壤之别，但经济学始终都是一个至关重要的问题。

群体　他们是哪个委员会的？他们的宗教信仰是什么？他们属于哪个团体？这些问题的答案就定义了群体的概念。

社会 它是更广意义上的群体，对于群体，我们要处理的都是你本人能够对其产生直接影响的问题。比如，学校董事会的预算将会是多少？谁应该进入镇议会？而对于社会，我们所面对的都是大局上的问题：欧洲市场将会给国际贸易带来什么样的影响？美国的债务怎么样了？全球变暖的威胁严重到何种地步？

个人 从一位生活在美国的公民的角度出发，中东此起彼伏的民主抗议活动肯定是最具有社会相关力的，而且或许也具有经济相关力（油价），但这些问题也许都不是个人化的，除非你的一个朋友或者家人正住在那里，而要决定买哪一件衣服之类的问题就是和个人具有相关力的了。

第五章给我们的启示

1. **相关力取决于环境**：你所传达的内容，你能提供的背景以及你和人们接触的方式。

2. **内容包含了你所传递信息的每一个部分，而不仅仅是文字；你接触他人的方式也是至关重要的，而且就像背景那样也是经常被忽视的。**

3. **你不仅需要保证你的信息在每一个类别里都是前后一致的，而且还必须确保在所有这三个类别之间也都是前后一致的。**

周一早晨要做的事情

√ 检查一下你的信息是否在所有的渠道中都是前后一致的。

如果你拿走了信息中的一部分，人们是否仍然能明白你所提供的东西是什么？

√ 考虑一下你信息的内容、背景以及媒介。你能做什么来增强信息的每一个部分？

√ 修正你的信息，如何才能使你总体的沟通更加个人化？

试一下下面的练习，彻底弄明白我们刚才所讨论的问题。

在这一章，我们谈论了一个环保组织在和它的成员进行沟通时可能会尝试的方法，看一下你能否为这个组织解决下面的这个难题。

该组织有较高的知名度而且也备受欢迎，问题是，它发现筹集资金很困难，特别是在东海岸。它已经做了广泛的客户调查，并且发现在理论上，东海岸的人们其实真的很喜欢它。但是，由于在人口稀少的地区，就像那些布满山区的州，购买土地要容易得多，该组织并没有在东部地区保留大片的土地。正因为如此，那里的人们对这个组织才没有特别的亲近感。

利用在这一章里我们所谈到的一切能利用的东西，你建议这个组织如何去做呢？

6

RELEVANCE

相关力：我们为什么要这么做

WHY ARE WE MAKING
THIS EFFORT

—— 来自相关力的回报 ——

THE VERY REAL PAYOFF THAT
COMES FROM RELEVANCE

6

相关力的终极目标就是改变（或保持）行为，对这一点我们需要多加论述。

我们可以随心所欲地畅谈如何使用多种多样的营销渠道和技巧，我们可以考虑能够利用的最为有效的社会媒体来解决我们面临的沟通挑战。但是，这些都不是真正重要的东西，除非我们能够说服他人认同我们的观点（来购买我们的产品、服务或者加入我们的事业）或者阻止我们的顾客、客户、支持者转投其他人（见下文方框中“改变行为也可以是保持不变”）。

在说完并做完这一切之后，你想要带来一些改变，你想要影响他人的行为。它并不在于你能拿出多少新闻稿，你的广告做得有多么聪明，或者你的网站得到了多少点击量，而是在于如何使人认同你的观点（而且在认同之后不会再改变）。

相关力就是能做到这一切的方法。

世界已经变得对我们越来越不利，我们不能仅仅依靠几个数量有限的途径来推送我们的信息，而在过去我们仅有三个电视广播公司，人们能去购物的地方也相对较少。现在，消费者掌握了控制权，他们如今拥有者几乎数不清的途径来和自己喜欢的任何人接触，现在是他们挑选我们（如果我们足够成功的话），而我们已经不再能轻易地挑选它们了。

通过相关力，我们向那些我们努力去接触的人们表达敬意。我们向他们表明我们理解什么对他们来说才是重要的，这就会使下面的事情变得更加容易：

- 获得他们的注意力。
- 鼓励他们去考虑我们的观点或者我们的商品。
- 使他们改变行为（以认可对我们重要的东西）。

要想做到这一切，就意味着你需要像你的受众一样去做出改变。

改变行为也可以是保持不变

我们倾向于遗忘我们现有的顾客，而每当这么做的时候，我们总会受到损害。是的，当然，取得顾客或市场份额是我们开展每一项营销活动和沟通活动所要达到的必然目标，但是，当你开展这些活动的时候，一定要确保把注意力都放在已有的顾客身上。

这有两个主要原因：

1. 如果你通过营销活动赢得了一个顾客，但因为没有投入足够的注意力而失去了一个原有顾客，那么最后你的顾客虽然数量不变但获得的利润却会降低，因为获得一位新顾客所付出的代价要比保住一位现有的顾客所付出的代价大得多。因此，通过增加新顾客来抵消离开的顾客，保持数量不变，实际上会致使你处于不利地位（以利润减少为代价）。

2. 相反地，在有些情况下，保持原样实际上还能使你不断发展进步，让我们看一个比较直截了当的例子：

假如你是一个豪华轿车的生产商，在总额达十亿美元的高质量汽车市场上占有百分之十四的份额，即你的销售额为一亿四千万美元。

假设有另外两家竞争者进入了这个市场，并且使市场总额增加到了十一亿美元。如果你能把自己所占有的市场份额保持在百分之十四，那么你的销售额就会攀升至一亿五千四百万美元；更好的是，如果你能保持自己的份额不变，那就意味着新进入者会从你的某些竞争对手那里抢走一些市场份额。

这里所要说明的道理也很简单，尽管我们很倾向于忽视它，相关力的一个关键部分（以及影响行为）就是要确保你不会失去已有的顾客、客户、会员。

让我们继续以豪华轿车市场为例来说明一家公司该如何与它不断变化的顾客保持同步。

宝马汽车的忠诚用户正在逐渐变老——我们确信宝马公司会说这些人就像美酒一样越老越醇香，但是他们已到中年的年龄仍然在爬升也是不争的事实——于是，宝马公司正在不遗余力地调整自己，以适应这些年龄逐渐变老的用户，并想方设法减轻长时间静坐不动可能会给他们身体带来的痛苦。

比如，宝马5系上使用的新驾座已经有了极大的变化——变得比以前任何时候都要舒适。“它是所有座椅中最舒适的一种，”一个对宝马品牌忠诚的顾客如是说，“坐在它上面就像飘浮在棉花糖上一样，以后开车再也不会腰疼了。”

宝马随着顾客的改变而改变，在这个案例中就是去适应老龄化的客户群。当涉及你原有顾客时，你永远也不能自满。

不要轻易改变“妈妈的肉饼配方”

你需要随着顾客需求的改变而改变，但是我们还要强调一下另一方面。那就是，如果你的顾客不改变，那么你就不要改变，而且如果你的顾客不想让你改变，你也不要进行改变。

你的顾客会认为有些特定的东西和他们自己是一样完美的，如果你的产品处于这个分类中，那么改变仅仅会导致强烈的抵制。还记得可口可乐公司在胡乱地调整了经典可乐配方之后发生的事情吗？当时人们甚至走上街头进行了抗议。

巴尔的摩的伯格饼干公司对这个道理心知肚明。如果你登录该公司的网站（bergercookies.com），就会发现该公司饼干的包装数十年来一直没有变化，而且它的配方也没有改变，而顾客们喜欢的就是它的这种口味以及它看起来有些过时的包装。

在顾客喜欢你的时候，不要去改变（你可以在边缘处增加新产品，比如产品线扩展，但是不要去动核心的东西）。

但是，为什么相关力的终极目标就是改变行为呢？难道这个终极目标不是提高知名度或者平衡其他的营销活动吗？当然可以，而且没有人说改进你正在做的事情是不重要的。当然，提高知名度是值得做的，如果你不能在市场中获得发言权，那么人们就不能听到你想传达什么，因此，知名度是件好事。然而，我们这里的目标就是要将现有的注意力集中在眼前的奖励上，而终极的奖励就是使人们改变他们的行为，而不是像提高知名度或者其他营销活动这些较为次要的东西。

我们是否说过，如果不能达到改变（或者保持）行为的目标，那么你对相关力所做的努力就会是一场失败？

是的。

这对某些人来说是否是难以接受的？

是的，又对了。

重新思考一下市场营销以及沟通交流的方法很有必要，而且做出改变也是很艰难的，无论是某种产品或者某个行业都是如此。

以生物技术为例。如果有哪一个行业是处在变化的前沿，那就非生物技术莫属了。在我们看来，每隔几个月该行业都能拿出可以改变人们生活或者拯救人们生命的创新发明。然而，当涉及沟通交流和市场营销的时候，就好像是所有的生物技术公司都停滞在了20世纪40年代。他们都在墨守成规，一成不变。他们请政治说客来获得监管机构的批准，他们还请产品发布公关公司推广他们的新药物或者新器械，而且他们还会确保投资人关系需求得到满足。因此，制造业企业面临着更多风险。

今天的市场营销活动很多都已经变成了一种降低风险的操作，大大小小的公司都在用尽浑身解数，而他们要做的并不是去抓住未来，而是防止某些可怕的事情发生在公司内部。而这样做根本就不可能赢得人们的关注和青睐，当然也不可能具有相关力（除非你是一家个人或企业保护公司）。

但是，把改变行为作为终极目标，这样做的话，你难道不是在给相关力施加更大的压力吗？这种压力要比市场营销四要素——产品、价格、定位、促销，所带来的压力要大得多。

我们的回答听起来像是政客的托词：是又不是。

让我们从“不是”说起。市场营销四要素描述的是我们正在其中运作的生态系统，这四个要素就是四个杠杆，在向他人推销产品、服务或者观点的时候，我们可以将作为助力。因此，我们的回答是“不是”，因为我们并不是在试图颠覆原有的秩序。这四个要素不仅在过去很重要，而且在今天以及未来都会很重要。

代价是什么

改变行为所要付出的代价是什么？你花了多少钱？

如果你所进行的活动代表了你的公司或者顾客，那么这个问题的答案完全取决于你自己。显然，你想要的是成本效益，而且从长远考虑你也绝不希望自己花出去的钱远比挣回来得多。

也就是说，这个决定需要对具体问进行具体分析之后才能做出。

因此，我们不会不去关注市场营销的四要素。但是，这很重要，如果你所做的事情和所有其他人没有任何不同，那么你永远也不会取得领先。你最多能和他们打成平手，这就是你把自己局限在市场营销四要素之内将会带来的后果。

如果加入了相关力的因素，那么你就是在用一种完全不同的方式与他们进行竞争。因此，既然我们目前还没有一种新的促销方式来改变营销格局，那么，我们能做的以及应该做的就是转到相关力上去。

把一切都简化之后，市场营销其实也非常简单：首先，你要弄明白把东西卖给谁，然后，再找出让顾客来买东西的最佳方法。

而相关力能给你一把额外的工具，来把上面所说的两个步骤梳理清楚。

我们之所以把所有的“压力”都放在相关力上还有最后一原因——作为营销人员，我们往往会墨守成规。我们在工作的时候会逐渐变得得心应手，而且一旦取得了成功，我们就会养成一种习惯，依赖那些让我们成功的工具、方法和技巧。我们会变得骄傲自满，导致我们不能把工作做到最好。当这种情况出现的时候，我们不仅会损害到客户的利益而且也会危害到我们自己。而相关力以及它改变人们行为的要求，能够强迫我们想出新的解决方案进而使我们重新恢复活力。

谁是美国最具相关力的零售商

在我们回答以上问题的时候，你能够看到相关力所带来的报酬。因为我们认为相关力是一个品牌、商店或者经营的最重要的品质，所以我们想知道谁在这方面做得最好。

我们挑选了21家美国最大的零售商，包含很多种类型——大型的折扣店、超市、百货商店、电子商务零售商以及特种商品商店等，然后我们使用一种叫作“最大差异量表”的技术对这些零售商进行了两两比较和评分，也就是说，我们要求购物者对每一个零售商在不同的竞争对手组合中至少进行四次“测试”。每一次测试之后，针对以下四个方面中的其中一个方面，购物者都要选出他们认为最适用以及最不适用的零售商。以下四个方面是我们相关力模型的组成部分。

实用性 我们让接受调查的人挑选出他们认为最可靠并且能够给他们带来最佳价值的零售商（这就是我们相关力模型中的“思考”部分）。

价值 我们让调查对象选出他们最为尊敬，并能反映出他们个人信仰的那家商店。

感官吸引力 我们让人们选出他们认为最有趣并且对他们的感官最具吸引力的零售商。

社会吸引 我们想知道哪一个零售商最令人们为之感到自豪和骄傲，并且使他们愿意分享自己的购物体验（这就我们相关力模型中的“群体”部分）。

那么，哪一个才是美国最具相关力的零售商呢？

位居第一的零售商只能点击鼠标购物，却不能开车到达，它就是亚马逊网站。紧随其后的也是最令人感兴趣并且对购物者最具感官的零售商则是塔吉特。

亚马逊和塔吉特能包揽前两名充分地说明了美国人想要的

是什么以及在他们的购物经历中什么才是有意义的。亚马逊强调的是电子商务不可思议的力量，它表明技术是如何把一家专门的网上书店转变成了一个实用且以价值为驱动的超级商店，而且它甚至超越了世界最大的零售商沃尔玛。

位列第二的塔吉特公司强调的则是把对购物者的感官具有吸引力的多种元素和价值以及可靠性混为一体的重要性。

那沃尔玛呢？它被远远甩在了第三位。尽管在所有四个方面的得分都相当不错，但它能有这么高的排名——毕竟它排在第三，仍然主要依靠它的实用相关力。

好消息是什么呢？我们的研究发现，在购物者看来，实用相关力是一个零售商所具有的最重要的特色。

坏消息呢？我们的研究还发现，“实用相关力”的重要性在年轻人中间有了大幅度的下降。

这是一种操纵吗

现在来处理一下房间里的大象吧（喻指令人忌讳的麻烦）：如果我们的目标顾客中有人说，“我能理解你们想要改变我的行为，但是，事实上你们在控制我的行为”，那么，我们该如何应对呢？

简短的答案就是，我们确实如此。我们并不是在用受人谴责的方法强迫你做违背意愿的事情，而是因为我们认为你会从改变中获得好处。我们正在努力让你做的事情，不仅符合你的最佳利益，而且也符合我们的最佳利益。

我们情不自禁。当人们在谈到相关力是能够操纵人心的时候，我们总会想起幽默杂志《国家讽刺》在20世纪70年代所使用的这张封面。

当我们在争辩产品、服务或者观点应该具有相关力的时候，没有人会主张拿枪指着顾客的头（或者他们的狗）。

在给你提供产品、服务的时候，我们会依据我们对你的理解做出忠实的判断，而且我们真心相信的东西会使你的生活变得更加美好，而我们所提供的东西是否能符合你的需求则完全取决于你的判断。

让我们举一个简单的例子。当我们开始想方设法使吸烟变得“不那么酷”的时候，我们是在操纵青少年的行为吗？绝对是。如果他们不再吸烟，青少年以及整个社会都将会变得更好，于是，青少年们就从我们的努力中获得了好处，这里就没有任何可以指责的地方。

好吧，你也承认上述的情况的是清楚明确的，而且为了让孩子们不得癌症（以及其他抽烟引起的疾病，医疗保健系统每年都要花费数十亿美元，而且这些疾病在世界范围内每年还会导致五百万人死亡，数据来自美国疾病控制中心）的初衷是难以进行反驳的。

这就是相关力的概念会如此重要的原因了。是的，世界上绝大多数的慈善事业都值得你去付出时间、精力和金钱，因此，你要根据个人能力去选择并支持一个非营利性组织。你的孩子健康成长你就会感到无比的幸福？那么就写一张支票给当地的儿童医院吧。你的一位亲人死于某种疾病，而研究人员相信它是可以治愈的？那么就捐款吧，这样在以后别人就不会再遭受到你所遭遇的痛苦了。

你会说，好吧，那也可以讲得通。但是，奥迪对雷克萨斯？可口可乐对百事可乐？说真的，有什么区别呢？你的市场营销活动或者相关力活动纯粹是在对顾客进行操纵，对吗？

好吧，答案是否定的。首先，在两个相似的品牌之间总会有明显的区别。可口可乐和百事可乐的口味确实不一样。而雷克萨斯的车主喜欢车子的豪华奢侈、井井有条以及省心省力，他们非常厌恶奥迪汽车，因为要想给新买的奥迪汽车的轮胎充气，首先就得看半天操作手册。相反地，奥迪车主就会说，为什么不去尽可能精确地调节轮胎气压，使这辆汽车在行驶的时候能做出最佳的反应呢？

但是，当我们支持某个产品而不支持另一个的时候，撇开产品之间的差异就只剩下了我们的支持。我们强调的是，在我们看来，根据你的个人特点，你作为一个潜在用户会喜欢这件产品的什么地方，这完全取决于你。

第六章给我们的启示

1. 创造相关力的终极目标是改变然后维持行为。

2. 维持行为往往会受到不应有的轻视，而这是一个巨大的错误。你好不容易才使顾客转到你这边，却眼睁睁地看着他们第二天又离开了你，这样对你没有任何好处。

3. 如果你的相关力活动不是在改变以及维持行为，那么它们就是失败的，就是这么回事。

周一早晨要做的事情

√ 衡量一下你相关力活动的有效程度。

√ 衡量一下你相关力活动的有效程度。

√ 衡量一下你相关力活动的有效程度。

试一下下面的练习来彻底弄明白我们刚才所讨论的问题。

你并不需要舍近求远来使自己对我们讨论过的东西变得敏感。想一下你最近做出的那个决心吧（新年的决心或者其他）。如果它失败了，那就问一下你自己它为什么会失败，也就是说，为什么并且从什么时候开始，你正在努力养成或者戒掉那个不再和你的生活具有相关力的习惯呢?

如果你的决心行之有效，那么是什么使它有效的呢?

不管怎样，你如何才能把这些经验教训应用到你的市场营销活动中去呢?

7

RELEVANCE

如何具有并保持相关力

HOW TO BECOME (AND STAY) RELEVANT

—— 而又不改变你的本心 ——

WITHOUT CHANGING WHO AND WHAT YOU ARE

7

你为什么要把相关力添加到你为数众多的营销和沟通方法中去呢？这个问题绝大数的回答都会和下面的几种差不多："我意识到我需要不同的竞争手段"，"我在寻找一种新的更好的方法来和顾客们联系起来"，或者"我想要在市场上脱颖而出"。换句话来说，我们所期待的是人们这样做的动机是积极的。

最终，人们做到了。

但是，他们的出发点通常都是消极的、负面的：零售商看到的是所有破产倒闭的百货商店，而手机制造商看到的是五年前还在行业里占据主导地位的公司如今却已过时，又或者某个工业巨头醒来后却发现自己是唯一一家还在生产的美国工厂。正是这些发生在眼前的活生生的例子，促使了各行各业决定使自己变得具有相关力。而拉近与顾客之间的距离所能带来的好处随后就会变得显而易见，直接动因就是维持在交流中所占据的重要地位。

你可以把相关力作为一个用来检测新概念是否行能行得通的快速方法。当你有了一个想法的时候，只要找到某个具有代表性的被调查者，然后问他所想的事情是否能与他们产生共鸣就可以了。

如果不能，那么就重新考虑一下。

既然已经做出了变得具有相关力的决定，那么你如何让你的团队也接受你的观点呢？毕竟，他们才是最终使之变成现实的人。当然，他们也许会把相关力当成是从高层传达下来的某个时兴的倡议，在那种情况下，他们可能会把你关于相关力的解释当成耳旁风，然后抱着一种“反正很快就会过去”的心态来应对它，这种观念是致命的。正如你所知道的那样，组织在扼杀新观点方面有着出人意料的能力。

为了确保这种情况不会发生，我们建议你从“少许诺，多实践”开始做起。到现在为止，你已经明白了相关力可以成为一个非常重要的工具，但是你并不需要用那种方式去呈现它，事实上，我们不建议你这样做。在谈论起相关力的时候，你只需要把它作为一种额外的实用战术以及一种人们可以利用的备用方法就可以了，剩下的就让人们自己去发现它的宝贵价值吧。

向客户兜售观点往往会更加困难。首先，他们或许以前从来没有接触过这样的东西，而且客户们不仅生性多疑而且极度反感冒险。

然后，就涉及成本的问题，相关力研究一般都很昂贵，因为它需要进行非常多的一对一采访来获取定性因素。

高额的成本再加上它的新奇性，当你主张公司采纳相关力并把它作为一种营销和沟通工具的时候，你会受到极大的阻力。

你如何应对可能会出现的抵制呢？首先，把你主张的观点放在具体的背景之下，然后，把得到的结果展示给人们。

让我们先说一下背景。你可以说明以下三点：

1. 你的目的是获取一种新形式的竞争优势。相关力不仅仅是营销四要素的变化形式，你所到达的地方是竞争对手们前所未见的，而且聪明的公司总是愿意获得针对对手的竞争优势。

2. 你会调整市场研究方向。比如一家正在向木匠们出售新型电锯的公司，手工工具的制作匠人已经对电锯的锋利程度、可靠性、使用舒适度等提出了要求。但是，有了相关力研究，通过询问电锯的手感，询问在使用电锯的时候手感到疲劳的时间长短，甚至询问电锯发出的声音，你就能够明白为什么木匠们会说“我就是不喜欢它”了。

3. 你能够和社会媒体建立更加广泛的联系。毫无疑问，社会媒体在未来的几年内将会占用你越来越多的市场营销预算，而相关力能完美地融入其中，属于这一过程的定量步骤（见第三章中我们进行的讨论）能和你从在线营销活动中获得的分析方法完美地搭配起来，而相关力定性的组成部分（第四章）和社会媒体中的“社会”紧密相连。

然而，销售仍然是一个艰难的过程，而这样的话，我们就需要分析潜在的后果来消除客户的疑虑。显然，你会拿出以前的成功案例来证明相关力是多么的有效。虽然个案研究会有所帮助，尤其是来自客户自身所处行业的案例研究，但人们总是想知道他们如何才能获得直接的好处。

还剩下一条路可选？我们推荐一个试点项目，这个项目能实现三个目标。

- 首先，它能让你起步。
- 其次，它是一个相对简单的方法，可以应对做全面研究所带来的高成本问题。
- 最后，它给你提供了一个机会来展示相关力的作用。

数据越多越好

要提高你获得并保持相关力的机会有一个简单的方法，那就是去认真观察并仔细分析关于你想要影响的人群的数据。

不幸的是，我们往往在这个方面做的不够，相反，我们还会根据自以为正确但最后却不正确的事情做出各种假设。正如马克·吐温所写的那样：“使你陷入麻烦的不是你所不知道的事情，而是那些你看似确定知道但实际上却并非如此的事情。”

想一下普通美国人的感受。关于愤世嫉俗、幻想破灭的美国人，人们已经写了很多很多。消费者信心下降，人们对于个人和组织机构的信任度降到了历史最低水平，政治和社会舆论尖酸刻薄，毫无宽恕之心，而且在很多情况下都透着赤裸裸的残忍。

难怪人们会总结说美国人的心理出了问题。

但是，博达公关公司调查所得的数据却表明事实并非如此。

- 美国人认为自己是即富有同情心又幸福快乐的。超过三分之二的人（68%）认为自己是富有同情心的，而且超过一半的人（58%）说他们对自己的生活感到满足。
- 恰好有一半的人自认为是积极乐观的。
- 总体上来看，X一代的人最有可能兼具同情、幸福以及乐观的标签。

而这些结论是不看数据根本就接触不到的。

实施

在开始进行相关力项目的时候，人们总是倾向于去关注消费者，我们在哪里能建立一个更广泛的联系？在市场中还有哪些机遇是我们没有利用到的？

而这就是你一定会遇到的结果，但它是开始的地方吗？在理想的情况下，或许如此，但是，我们并不是都生活在理想世界中的。

现实情况是，你可以从任何地方开始！既然是这样，你开始就要把相关力和现有的企业目标捆绑在一起，目的就是在推广这个概念的时候能获得更多的把握。这些企业目标可能会包含顾客需求，但也可能有其他需求。

让我们举一个例子来看一下它是如何运作的。

假设你的客户是一个汽车工业的供应商，而且他告诉你有三个主要的企业目标需要和每一个新的项目（比如相关力）都联系起来：

顾客 公司当然想要获得增长，但是它更关心的是客户保留。

竞争对手 公司正在努力争取第一个进入市场的优势，因此，所有的新观点都应该是行业里“全新”的。

股票价格 高级管理人员认为公司股份的价值被低估了，而执行官们则忙于寻找能提升价格的主意。

为了表现相关力和每一个企业目标的结合有多么完美，你需要对每一个目标都进行详细论述。对于顾客，论述则相对简单一些，就像我们以前讨论的那样，你需要做定量和定性的分析来找出为什么客户开始流失。是缺少产品可靠性吗？这些产品是看起来过时了吗（也就是说不再具有相关力了）？是不是其他的竞争对手拿出了更好的产品？或者是其他的什么原因？在这种情况下，具有相关力就是一种防御策略，一种可以保住现有顾客的手段。

相关力能保持公司领先于对手的观点也是同样的直截了当。仅仅利用相关力，特别是当竞争对手不具有相关力的时候，公司就能够获得管理人员的先动优势。而且，很有可能，来自先动优势的洞察力将会引领公司走向使它保持领先的产品和服务。

而提高股票价格的论述则较难一些，但也仅仅是难了一点点。华尔街追求的就是增长，盖尔·麦戈文、大卫·科特、约翰·奎尔奇以及布莱尔·克劳福德在《哈佛商业评论》的一篇文章中这样说道：

有机增长的假设已经深深落进了公司的股票价值里。如果你分解了主要消费品公司的股票价格，就会看到未来的增长占据了股票总市值的54%。

因此，能使股票价格增长的就是一项极具创新的服务或者一件极为热门的原创产品。想一下每当苹果公司发布一件全新产品（iPod和iPhone也算是吧）的时候，它的股票会产生什么样的变化吧。华尔街认为创新是未来增长和盈利的主要指标，这难道还有什么奇怪的吗？而相关力则和这些完美地联系了起来。

在家的时候一定要试试这个

我们怎么才能把到目前为止所学到的一切都运用起来呢？让我们做三个假想来看看，这里的假设都是双重的。

首先，我们对每一个假想场景的答案都是建立在分析的基础之上的，我们已经在第三、第四和第五章做了定量、定性和环境分析。

其次，我们的回答只针对那些容易实现的目标，换句话说，对我们假想的三个场景，我们只提供最简单的解决方案。而那些更加具有创新性的解决方案就要靠自己去找出了。

以此为背景，让我们一起看一下这三个假想的案例研究，就从那个以产品为中心的案例开始。具体一点，让我们假设我们想为一件利基产品（商业用语，是指针对企业的优势细分出来的市场，这个市场不大，而且没有得到令人满意的服务。产品推进这个市场，有盈利的基础），即瑞士军刀拓展市场。

场景1：拓展一件利基产品

定量和定性研究的发现是很吸引人的，熟悉瑞士军刀的人比我们预期的要少得多，而且都是年龄偏大的人，但是了解瑞士军刀的人都会爱上它。

这就有了无数的可能性以及机遇。

为这家公司创建坚固的基础看起来也相当简单。也许你可以创意这样的广告，广告里父亲正在给儿子们而母亲正在给女儿们介绍这件万能工具。

对于我们相关蛋的四个象限：

感官吸引力 问题是，这种刀子的手感好吗？绝对好。但是，也许打开刀片应该更加容易一些，或者应该折叠起来装在牛仔裤口袋里的时候能更舒服一些。

群体 显然，有的人一直在用瑞士军刀，露营的人？划船的人？喜欢自己动手的人？有没有一种方法能更好地把这些人群联系起来？

价值 在刀子和工具之间有什么区别吗？它是一把武器的事实是一种问题还是一个优势？

思考 理性一直都是这家公司的最大优势。或许是时候给瑞士军刀的"一百万零一种用途"做一次营销活动了，它可以向人们展示瑞士军刀的所有功能，从打开大型包裹到修理拉不动的厨房抽屉或者一副眼镜。

场景2：让服务具有相关力

你能让美国邮政局具有相关力吗？更加具体一点来说，在人们越来越多地使用电子邮件进行沟通交流并且很大一部分人选择在线支付的今天，你能让人们相信这个半政府的单位在他们的生活中还占有重要位置吗？要知道常规邮局邮件现在经常被人们称为"蜗牛邮件"。

这项研究表明了你所要面对的是什么。从数量上来看，人们对邮局的速度和可靠性很不满意。虽然从邮局最低谷的时候开始，速度和可靠性都有了改进，但是仍然没有人会说它能媲美联邦快递、联合包裹服务（UPS）、敦豪速递（DHL）以及其他的私人快递服务公司。

从质量上来看，情况更加糟糕，人们非常憎恨邮局里排起的长龙以及它杂乱无章、缺乏组织的实际情况。在邮局里简单的事情，比如查找你所在地区邮局分支的电话号码，也往往变得极端困难，这给人们带来了极大的烦恼，进而更加加剧了人们的厌恶情绪（而要到达最近的联邦快递办公室，你就绝对不会遇到任何问题）。

你会怎么做？

或许我们应该从提醒人们开始，提醒他们邮局仍然是可行的选择，而且当他们有重要的东西需要邮寄的时候，不应该自动地把邮局排除在外。你可以指出邮局的费用要比竞争对手低得多，而在人们想尽办法节省开支的今天，这可不是一笔小钱。对于四象限：

感官吸引力　目前来说，这仍然是一个问题。邮局往往是狭窄拥挤的，它刻板单调的结构远远谈不上引人注目。但是你能不能回到邮局的根本上来，使它变得古典高雅或者把它设在别的商店之中？比如，你能在你本地的超市中找到银行的分支机构，那为什么邮局不能这样做呢？值得赞扬的是，邮局已经开始试着这么做了。

群体　这对我们来说是一个机遇。邮局，特别是在小镇以及郊区的邮局，是一个你经常能碰到朋友和邻居的地方，怎样做可以把这一点利用起来呢？

价值　这一个分类给我们带来了又一个机遇。美国邮政总局的历史比美利坚合众国的历史还要更长一些（美国邮政总局的历史可以追溯到1775年第二次大陆会议的时候，那时本杰明·富兰克林被任命为第一任邮政总局长）。应该有一种方法能把这段历史利用起来。

思考　在这个时代，人们能在几秒钟内把信息发送到世界各地，那么，有没有可能出现一个全国性的邮政服务系统呢？我们认为是有的，以价钱为依据，只花不到50美分的价钱，你就可以把一封一类信件从缅因州寄到圣迭戈。它的基本原理还包括了便利：每一个小镇都有一家邮局，而且许多行动不便的人还要依赖邮局来进行在自己承受范围之内的药物以及其他必需品的邮递。

场景3：卖出一个主意

我们已在尽自己所能来想出一个尽可能具有挑战性的情景。试一下这种做法：你的工作是使美国全国步枪协会（NRA共和党人为主）和生活在波士顿市（民主党支持度较高）中心的人们相关联起来。

我们承认这是一个巨大的挑战，流传在马萨诸塞州（相对少数）共和党人中的经典笑话是共和党的控制杆在当地投票站不起作用。尽管我们也承认美国全国步枪协会的会员中有民主党人，但当你听到“全国步枪协会”这个名字的时候，你首先想到的并不是蓝州（民主党支持率较高的州在大选地图上用蓝色标示）的居民们。

人们对全国步枪协会的第一、第二以及第三反应可能会是，“它绝对不可能和我的生活有什么关联”，那么，你将会怎样来使NRA和他们相关联起来呢？好吧，你立刻勾掉这些人就行了，总有某些人永远也不会和你的产品、服务、创意具有相关力，所以对这些人你根本不用去理会他们。

那么你如何去影响其他的人呢？

感官吸引力 如果你是婴儿潮时代（1946—1965年）出生的人或者年龄更大一点，你也许会记得在夏令营步枪射击（在某些夏令营至今仍保留着这项活动，但幸运的是监管也比以前更加严格）。至于让十岁的孩子拿枪是否是个好主意的问题仍有待讨论，但毫无疑问的是，我们中的很大一部分人在当时认为射击是很有趣的。那么，NRA能否和那些回忆联系起来，并且把它利用在未来的消费者身上呢？毕竟，今天的童子军们使用的都是NRA认证的教练和距离监控器。

群体 它可以分为两部分，第一部分就是那些喜欢打猎、打靶等射击活动的人。他们中有些人居住在像波士顿这样的城市，这样就有了一小部分天然的拥护者。

第二部分属于骑墙派，显然，人们都很担心他们所在社区的整体安全，特别是担心武装歹徒或帮派。如果他们自己或者社区里的其他人有了枪，他们是否会感到安全？

价值 在我们这个国家大部分的历史上，枪支不仅是武器，而且更是工具。我们靠打猎获取食物，并消灭威胁到畜群的野生动物，那么，NRA能否在这一点上做文章呢？

思考 这个论据是直截了当的。美国宪法第二修正案中说："人民持有和携带武器的权利不可侵犯。"因此，人们会继续持有武器。讨论的核心需要集中在如何才能最安全地去持有武器，而NRA显然在这方面能够把自己推到领导者的角色上来。

第七章给我们的启示

1. 你需要有意识地努力去具有（并且保持）相关力。

2. 你团队中的每一个人都需要支持这种对于相关力的承诺。

3. 随着这种承诺的建立，你需要把相关力打造成你营销工具中的另一把利箭。

周一早上需要做的事情

√ 把相关力的所有情况都控制在你的组织内部。

√ 在和客户进行关于相关力的接触的时候，决定好你的出发点，从对他们重要的东西开始。

√ 通过给本章的三种假设场景提出不同的解决方案来练习相关力。

试一下下面的练习来彻底弄明白我们刚才所讨论的问题。

找出你排名最高的五个客户或顾客。

然后弄清楚你和他们之间的联系频率。

现在，确定你们之间应有的联系频率（答案几乎总是“比我们现在做的要更加频繁”）。

你能给他们提供什么样的新信息或者观点来保证你们之间越来越频繁的联系？

8

RELEVANCE

相关力和创新

RELEVANCE AND INNOVATION

—— 为何二者会无可救药地纠缠在一起 ——

WHY THEY ARE HOPELESSLY INTERTWINED

8

在你所读到的年度报告、季度赢利发布或者新产品声明中，总会透出高管对于创新重要性的言论，我们也赞同创新是至关重要的。在当前世界，每个人都有同样的机会接触到资本、资源——人力的和其他的资源以及技术，然而真正能给你带来竞争优势的唯一的东西就是创新型的产品和服务。

需要证明吗？你想做谷歌还是必应？是维格曼斯超市还是艾伯森？是无国界医生组织还是海地基金会，即那家由怀克里夫·吉恩运营的，令人绝望且无能的海地救灾慈善组织（现在已不再活动）？

创新显然是一个非常非常重要的东西。

因此，我们很惊讶地看到越来越多的公司和组织并没有把相关力明确地和他们的创新活动联系起来，尤其是在对他们所提出的创新进行推广传播以及市场营销的时候，这也许看起来是世界上再正常不过的事情了。

但是，现在看起来事情终于发生了改变。

在最近的一次TED（即技术、娱乐和设计这三个英文单词的首字母缩写）大会上——TED，你也许知道，是一个非营利组织，致力于“推广有价值的思想”——相关力被推到了第一线。2012年秋季的TED大会则以“重新定义相关力”为主题，它主要关注的是如何进行最好的适应和创新以便应对政治、经济以及环境的不稳定所带来的挑战。

> 你如何着手进行创新并没有什么关系，不管你是自己想出的新主意还是从别处得到的创意，相关力贯穿于创新循环的每一个环节中。

我们相信将会有越来越多的人、组织和企业会在未来或长或短的时间内去探索相关力和创新之间的关系，想一下创新过程中的诸多步骤，从这一过程应该开始的地方做起。

步骤1：确定需要

你不想为未知的问题创造解决方案，这就是为什么相关力在创新过程的开端，也就是你正在努力寻找未被满足的需要的时候是如此重要的原因。

相关力是一种探索工具，可以帮助你找到市场的需要以开发相应的产品去满足市场。

赛格威个人交通工具或许是一件很酷的发明，而铱星电话也许是件真正具有革命性的产品，它能让你在世界上任何地方给任何人打电话。然而，它们都不能真正满足任何急切的需求，因为需要它们的人大都买不起，这样，它们就没有和足够多的人建立相关力，进而也就不能证明当初发明的花费是物有所值的。

相关力能够为你所提供的东西创造用途

无论我们谈论的是用作冰箱除臭剂的小苏打，高中生用来和老师进行沟通的企业软件程序Dropbox（一个提供同步本地文件的网络存储在线应用），还是大学生用来写毕业论文的智能手机，你的产品或服务都拥有有待发现的新用途，只要观察一下你的顾客们，他们在用你的东西做什么就可以了。

顾客们一定能发现你永远也想不到的新用途。

观察他们做了什么，然后对其加以利用。

你可以看出，在创新过程的最初阶段相关力是多么的关键。如果某个创意不能喝足够广泛的受众产生相关力，那么它就不值得去追求。

步骤2：创造一件能满足需求的产品

从直觉上来讲，你可以看出相关力在创新过程第二个步骤中的重要性。如果你的目标人群认为，你所创造的产品或服务不能满足你已经找到的需求，那么你就会陷入麻烦之中。而且，同样重要的是，如果这个产品不能跟上目标人群进步的需求，那么你就会变得不具相关力。

长久以来，高等教育满足了给那些希望在职场取得成功的人的教育需求，这个体系几个世纪以来一直运作良好：在中学毕业后，一部分人进入了大学，在大学校园的教室内接受教育，毕业，然后走上白领工作岗位。

然而，这一体系的运作已经不再那么完美了。高等教育的花费越来越高，已经超出了许多人的承受能力，而且在这个逐渐数字化的社会中，许多人开始质疑长途跋涉到某个具体地点接受教育的价值。显然，在线教育是解决这个问题的一种方式，但是学院和大学们正在竭力确定利用这一平台来提供教育的最佳方式。它们进行这种尝试的动机是巨大的，而目前的模式随着每一个学期的过去正变得越来越不具有相关力。

步骤3：把需求和创意连接起来

一旦你创造出了确定能满足你所发现的市场需求的产品或服务，你就必须确保人们能了解它。只是告诉他们有这种产品或服务还不够，人们都时刻处在各种信息的狂轰滥炸之下，而你的产品想要突出重围，紧靠陈述事实的方法是非常困难的。

你的信息需要引起共鸣，它必须具有相关力。

这就是为什么你需要抓住对你的顾客最重要的那一两个点，并且通过我们的相关“蛋”中的一个或多个选择（思考、感官吸引力、群体和价值）和顾客连接起来。你必须缩小你所强调的好处的范围，因为如果关于产品或服务的一切都是同等重要的，那就等于没有任何东西是重要的。而讽刺的是，过度沟通会使你变得不相关，因为过多的东西很快就会变得令人烦恼。想一下你从喜欢的零售商那里收到的电子邮件和产品目录吧，他们能主动联系到你是很不错，但你唯一希望的就是不要这么频繁。

谁最能产生共鸣

如果你的创新活动是相关联的，那么它就会和顾客产生共鸣。

有证据吗？有。

我们给有代表性的受调查者提供了一份名单，名单中是三家最为知名的技术公司，即苹果公司、谷歌公司和微软公司。然后我们问哪一家公司最为“有趣”，结果是什么样的呢？

41%的人回答说苹果；

31%的人说是谷歌；

14%的人认为是微软。

考虑到在市场中人们对这三家公司的接受方式，这个结果对我们来说听起来基本是准确的。

你怎么才能知道自己是否成功地建立了正确的联系呢？这很简单，你目标人群的行为将会发生改变。是的，他们将会购买你的产品或服务，但是他们还会使用它、评价它并且如此持续下去。

时刻要做的检查

“这会和我们的受众产生共鸣吗？我们现在做的事情会被认为是具有相关力的吗？”在创新周期的每一个环节都要问一下自己这几个问题，因为会避免脱离正轨。如果不时刻反省这些问题，那么后果将是灾难性的。

试想一下20世纪70年代的通用汽车公司吧。这家汽车公司正在寻找增加利润的方法，于是它做出了数不清的小决定来减少成本。塑料被替换成了皮革，更小、更便宜的汽车被添加入了凯迪拉克的生产线，而且廉价金属被用到了公司所有的汽车车身上。单个来看，这些行为都不足以致命，但是合在一起，这却把公司推向了深渊。

星巴克曾经面临着同样的命运，而它的老板霍华德·舒尔茨曾在一则备忘录中提出警告说，由于节约成本和提高“效率”措施，星巴克的品牌正处在廉价化的危险之中。

舒尔茨写道：

在过去的十年里，星巴克从不到1000家店扩张到13000家店，为了达到扩张必要的增长、发展以及规模，我们不得不做出了一系列决定。回想起来，这些决定导致了星巴克体验的注水淡化，以及有些人所说的品牌廉价化。

这些决定有许多在当时看来也许是正确的，而且光凭它们自身的作用并不会弱化人们在星巴克获得的体验，但在这种情况下，这些决定集合在一起产生的影响就大多了，而且不幸的是，由此所产生的危害也远大于每个决定单独产生的危害。比如，有了自动咖啡机，我们解决了服务速度和效率的大问题。但同时，我们却忽视了一个事实，我们会失去很多之前伴随手动机器的浪漫感和现场感。而这个具体的决定还有更大危害，那就是自动咖啡机，现在几千个店里都在使用。咖啡机的高度挡住了顾客的视线，而以前的咖啡机则不会，那时候顾客可以亲眼看着自己的咖啡做好，而且高大的咖啡机还阻挡了顾客和咖啡师之间的亲密体验。

每座北美城市和国际市场对鲜烤咖啡的需求，推动我们做出屈从封味包装需求的决定。又一次，这是在正确的时间做出的正确的决定，而且我也又一次相信我们忽视了店里密封香味的原因和后果。我们得到了鲜烤袋装咖啡，但我们付出的代价是什么呢？我们失去的是香气——而香气或许就是我们所拥有的最强大的非语言信号；失去的是我们从咖啡罐里铲出鲜咖啡豆，然后在客人面前现磨的体验，这又一次从我们的咖啡店中剥除了我们的传统和传承。

然后轮到店面设计。的确，为了获取规模效应、达到销售对投资的回报率来满足我们的财务支出，我们必须流水作业完成店面设计。然而，造成的后果之一是，我们的咖啡店不再有过去的灵气，比起相邻店面里的温暖感觉，我们更像一家连锁店。有人甚至说我们的咖啡店光亮呆板，就像是一个模子里刻出来的，不再体现我们的创始人对咖啡的热爱。实际上，我不敢肯定，今天人们还知不知道我们是自己烤咖啡的。或许你进到我们的店里，也并未觉察到。

由于失去了自己独特的道路，星巴克遵从舒尔茨的建议，返回到了自己的“核心”上来。

通用汽车公司和星巴克的例子表明，相关力可以作为一项你时刻要做的检查，来确保你保持正确的道路，并且还会让你知道如果不这么做会发生什么样的后果。

保持正轨

尽管你利用相关力找到了一个市场空缺，创造出了某个产品或服务来填补了它，并且对这个产品或服务进行了宣传，你仍然没有在最大限度上利用创新和相关力之间的联系。

在开始之前，你可以用相关力进行最后的检查，以确保需求、产品和沟通交流之间的联系尽可能地牢固。然后，一旦产品或服务进入了市场，你就需要努力工作来确保它能保持住相关力。

从所有这一切中我们得到的启示是：如果你的创新没有相关力，那么它或许就不会有什么销路。

第八章给我们的启示

1. **你需要把相关力融入到你的创新活动中去：**最大的启示也是最简单的。

2. **整个过程的每一个步骤都要贯彻对相关力的全神贯注：**在开始的时候，在整个发展过程中（以确保你保持在正确的轨道上），在结束的时候（以确保你所创造的出来的东西是人们想要的）。

3. **不要隔绝意料之外的事情。**你的顾客总是能够给你的产品和服务找出新功能，把这种情况利用起来。

周一早晨要做的事情

√ 想一下顾客和潜在顾客的最大需求是什么，它是你创新活动的出发点吗?

√ 确保你的人在创新过程的每一个阶段都对相关力进行了检查。

√ 在你准备开始之前，做一次“相关力复查”来确保你不会浪费客户的时间和金钱。

试一下下面的练习来彻底弄明白我们刚才所讨论的问题。

让你的客户参与到创新过程中来。下面是可能的运作方法：在你对新产品或新服务的开发进行到一半的时候，把它展示给少数的几个客户并要求他们参与进来。

然后，听一下他们是怎么说的。

结果可能是：

（1）你最后拿出的产品会更加出色。

（2）你的客户更有可能成为产品的购买者，因为这是他亲手参与创造的。

9

RELEVANCE

怎样变得没有相关力

HOW TO BECOME IRRELEVANT

虽然不想这样，但你很有可能正在这么做

YOU DON'T WANT TO, BUT YOU COULD BE TAKING STEPS TO MAKE IT HAPPEN

9

在本章的标题中，我们开了一个小小的玩笑，“怎样变得没有相关力”，当然，没有人会愿意变得不具有相关力。

然而，不需要费什么力气，你就能想出一长串公司、产品、服务或者创意，它们已经进入了不再具有相关力的状态，而且有些还是在极短的时间内就进入了这个状态。

> 如果你不喜欢改变，那么你就会更不喜欢不具相关力。
>
> ——四星上将埃里克·辛塞奇

组织有义务和自己的顾客紧密联系起来，然而我们总是会惊讶于有那么多的公司和非营利性组织，并没有把相当一部分的市场营销预算或者研究预算投入到这方面来。他们认为如果听不到关于他们的负面评论，那么一切都皆大欢喜。更为糟糕的是，他们可能会变得狂妄自大（由于他们过往的成功）；他们认为自己所知道的就是最好的，因此就没有理由再去关注市场的声音了，而这是一种非常危险的倾向。

骄傲自满是致命的，因为当事情涉及顾客的时候，你总是会在和一种非常奇怪的紧张感作斗争。一方面，人是习惯性的动物，在发现适合他们的东西之后，他们就会一而再，再而三地购买同样的东西。另一方面，他们总是在寻找新奇、与众不同且更加出色的产品和服务。

或许，处理这种紧张的最佳方法就是时刻与你的顾客保持联系，以核实他们的需求并且在相关蛋的所有四个象限思考、感官吸引力、群体以及价值中与他们展开全面接触。

正如我们所看到的那样，停留在“思考”的阶段是不够的。以你的顾客每天都会使用的一个软件程序为例，这个软件可能会有一些让人发疯的漏洞，但是他们也许永远都不会告诉你，因为他们发现一层层地通过客服电话树接通到客服实在是更让人发狂，一个接一个地拨打你的客户服务电话表也是一件令人沮丧的事情（对我们来说，“客户服务，请稍等”这句话是你踏上失去相关力不归路的第一个信号）。

不要停留在思考上，相反，你需要去调查。你的顾客到底喜欢你产品的哪些方面？他们不喜欢什么？感官体验是什么？你的产品毫无趣味吗？令人感兴趣吗？用起来很好玩吗？不管他们做何回应，你的顾客会和他人分享自己的反应？有没有接触到相关蛋关于群体的那一部分？（见第五章中关于酒店最高排名的讨论。）关于价值的那一部分呢？某些微软的用户会告诉你如果有一家独立的小公司能提供相似的产品，那么他们会立刻扔掉微软的Word和Outlook软件，因为他们感觉被微软的系列办公软件困住了，需要换一下口味。

既然我们已经让自己对失去相关力有了一定的敏感度，那么接下来我们就进入更深层次的讨论吧。

世事多变

对不相关进行思考的方式之一就是把它和物种灭绝进行对比。物种灭绝是因为它们不能适应生存环境的改变，这对观念、产品、服务或者民主运动来说也没什么两样。想一下2010年初在阿拉伯世界爆发的“阿拉伯之春”吧，示威、抗议以及内战的革命浪潮一波未平一波又起。

当某个事物，比如绝对君主制，得以繁荣发展的环境最终发生改变的时候（在这个例子中就是互联网接入、失业率不断上升以及人们的期望值不断提高），绝对君主制的观念也需要随之进化发展，否则它就会失去力量进而被推翻。

世界各地，随处可见

不仅仅只有公司可能会变的不具有相关力，观念和运动也会如此。比如：

- 三K党

- 禁酒运动
- 黑豹党
- 学生争取民主社会组织

因此，当市场发生变化的时候，你需要做出决定：对于变化你能做什么？在某些情况下，答案应该是“能做得很少”。

变化是你的产品、服务、观念，需要始终如一。如果它时刻都在变化，那么人们不会明白它代表的是什么。如果你附近的一家餐馆每次都会完全改变自己的菜单，以适应每一次新的食物狂欢节，那么你肯定不会喜欢它。如此的朝三暮四、朝秦暮楚，最终人们都不会再去那里就餐，因为没人知道它今天的菜是什么样的。这告诉我们的寓意就是：你需要忠实于你自己。

讽刺的是，你可能会过于沉迷在对市场反馈的回应中。

这是不是就意味着你可以忽视在你周围发生的变化了呢？当然不是。比如布鲁克斯兄弟，该公司已出售经典服饰而知名。这家连锁店本可以一直保持着过去的经典服饰风格，希望20世纪50年代以及60年代初的服饰风格能借着电视连续剧《广告狂人》热播而再次流行，进而增加自己的销量。然而，它没有这么做，相反，它在保留了自己核心产品的同时，还添加了许多“时髦的”

饰品——靴子、围巾、旅行袋等，来完善自己的产品，这些新增加的物品也拥有这家连锁店一贯以来的高质量。因此，在这个意义上来说它们都是天然的点缀，却时尚得多。

汽车行业里也有因为忠诚于经典而带来利好结果的绝佳案例。尽管人们的注意力都被新鲜亮相的新车型以及新型引擎（混合动力、电动）所吸引，皮卡车仍然是每年最畅销也最赚钱的车型，而且皮卡车的车型没有什么太大的变化。当然，它的里程数得到了少许改进，而且载货量一直在不断增加，但是，它的基础车型从来没有变化过。

看一下发生在《滚石》杂志身上的事情，你就可以看到不知道自己是谁所带来的问题。《滚石》杂志于1967年在旧金山创立，该杂志在音乐领域影响了整整一代人，而且逐渐地向（自由）政治领域扩张。但是，随着它的核心读者群，在生育高峰期出生的人的年龄增长，该杂志需要做出一个关键性的决定，这个决定意味着要把很大一部分的核心读者出让给其他的杂志。另一条路是尽力追随这批读者一直到老，因为那些反主流文化的人（60年代和70年代美国青少年中盛行的一种思想）突然拥有了大笔可以支配的金钱。

该杂志选择了一种折中的立场，结果受到了来自两方面的打击。它不仅丧失了乐坛信息明确来源的公信力，而更新更时髦的出版物以及网站则占据了这一点，而且在政治领域也变成了一本“单一音符”的杂志（所有关于左翼的事业都是好的，而所有关于右翼的事情都是坏的），以致杂志逐渐地被边缘化。

《滚石》杂志的例子让我们自然而然地讨论起了另外两个困境。第一，你试图和一个群体建立相关力，但是他们却不想和你有关联，你便会看起来非常荒唐可笑。想一下那些试图模仿自己的女儿来穿着打扮的母亲们，以及那些自以为使用最新流行语而实际上却早就过时了的父亲们吧。

第二，在尝试保持相关力的时候，你可以在市场准备好之前进行改变。在我们看来，那些极受欢迎的电视节目几乎总是会对此感到内疚，制片人和剧作家早在观众们感到厌倦之前就会在全新的方向上选取人物和故事情节了。

这两个例子引出了我们关于不具有相关力的最终观点：它或许是不可避免的，但你为什么要加速自己的毁灭呢？

最近去过唱片店吗？去洗过什么照片吗？使用过投币式公用电话吗？读过一份晚报吗？买过一份打印的地图吗？你使用过宾馆的电话系统从你的宾馆房间打过电话吗？订购过一套百科全书吗？从独立的音像店租过大片看吗？从旅行社预订过一次简单的旅途吗？

或许没有。

某些行业、职业、产品以及服务整体消失的趋势只会不断加速。台式电脑已濒临消失的边缘，还有陆上线路和移动住房（因为过多的传统住房被取消了抵押赎回权），传真现在也和拨号上网以及老式转盘电话一样成了老古董。这个名单上的东西还有很多很多，并且它看起来还会变得越来越长。

实际上，在20年后仍然会保持不变的职业和行业或许很少了，而列出它们的名单就会容易得多，因为绝大数的行业和职业都会发生巨大的变化。

在很多情况下，你阻挡不了这种趋势。经济学家约瑟夫·熊彼特是正确的：创造性破坏——新的更出色的产品会加速老旧产品的淘汰，而创造性破坏就是熊彼特对这一过程的描述——是资本主义的标志。此外，还有别的其他因素也不在你的掌控之内，一次企业合并就能马上夺走你为下一个大计划所准备的预算。但是，我们没有理由去加速自己的毁灭。

这就是为什么你需要奋力抵抗以不失去相关力。

第九章给我们的启示

1. 不仅获得相关力极短困难，想要保持它也一样困难。

2. 与之相反的是，失去相关力则会出人意料得简单。失去相关力只需要极短的时间就能完成，想一下五年前最后的那个“大事件”吧（我们打赌你肯定想不起来了）。

3. 保持相关力的一种方式就是守住自己的核心，然后仅围绕着边缘地带进行改变。

周一早晨要做的事情

如果你想失去相关力，那么就这样做：

√ 忽视顾客的观点、建议和意见。

√ 骄傲自大。

√ 自以为世界将会永远保持不变。

试一下下面的练习来彻底弄明白我们刚才所讨论的问题。

如果你想在你的办公室里进行一次令人压抑的对话，那就让每个人只用两分钟的时间，编写一份已经消失了的公司、品牌和产品的名单吧，然后把这些名单进行对比（这些名单也许不会有很大的重叠）。

如果这样都不能使你明白保持相关力的重要性，那就没有其他的办法了。

10

RELEVANCE

如何重新获得相关力

HOW TO REGAIN RELEVANCE

—— 这很难但仍然可以做到 ——

IT'S DIFFICULT BUT IT CAN BE DONE

10

这也许听起来很奇怪，但重获相关力的第一步就是要明白你不再具有相关力了。对某些组织来说，弄明白这一点所花费的时间之长令人惊讶。它们开始会怪罪产品质量、服务问题甚至是责备自己的员工，直到最后才会明白原来是它们自己和顾客以及它们想要的顾客之间不再具有相关力了。

转念一想，或许它花费这么长的时间也并不值得惊讶，毕竟，公司失去相关力的原因之一就是它们不再把足够的精力投入组织之外的事情上。如果你不去研究宏观趋势（市场的巨大变化）和微观趋势（你所处的行业，特别是你的公司的大体变化），那么顾客感觉到你失去了相关力就没有什么值得震惊的了。

公司不再对外部的事情投入精力有两个主要原因。第一个原因，坦率地说就是愚蠢。组织，更具体地来说，就是运营它们的人变得骄傲自大了。当你创造出了一件热门产品或者取得了一系列的成功那么你就会很容易认为自己已经做到了最好，于是就觉得没必要再去听除自己以外的任何人指手画脚了。

想要重新获得相关力，试一下这个方法

如果你想成为对话当中至关重要的一部分，那就回想一下我们在第一章中讨论过的，人们在你具有相关力的时候怎么评价你的产品和服务吧。

顾客对具有相关力的产品或服务的反映是这样的：

- 我认为这件产品（或服务）对我很有价值。
- 它代表了我所做的事情。
- 它使我对自己有了更好的感觉。
- 我想让人们知道我在使用它。
- 它能满足我的需求。
- 它使我的生活更加轻松。
- 它并不适合所有人，但却适合像我这样的人。
- 它能给我带来灵感。

人们对你的产品或服务的评价至少要有上面所有评价中的两条，这样你才有机会获得相关力。

弗利普·威尔逊是20世纪70年代初最火的喜剧演员，他曾经说过，“在上升时期你不必去关注那些小人物，如果你无意再落回到原点的话。”事实是，只有很少一部分人还记得（或者曾听说过），弗利普·威尔逊表明了这并不是一种生活的好策略。当然也不会是生意中的好策略。

第二个原因虽然更加温和，但它具有的破坏性一点也不少。人们现在每天都在忙碌以至于没有时间和自己的顾客进行沟通交流，其实并不是他们不想去，而是因为他们都工作缠身，陷入短期目标以及日常事务中而不能自拔。

而且这个问题还因为科技而恶化。随着我们和顾客之间的互动越来越机械化——“某某服务请按2”或者“请按1、2、3、4、5来对我们的服务进行评价”——我们得到的真实的反馈正变得越来越少（机械化的选择只能让顾客对我们的问题做出回应，却没有给他们机会告诉我们他们真正想说的东西），结果，我们和顾客之间的联系越来越少，尽管这并不是我们想要的。

小测验：你是否正在失去相关力

1. 你正在研究顾客的行为方式，并且会根据你所听到的和观察到进行改变吗？比如，最有头脑的零售商一早就注意到，20多岁的人喜爱延长购物和就餐时间，这就是为什么许多快餐店直到凌晨两点或更晚才下班，以及为什么商店在圣诞节购物季的时候，营业时间甚至比10年前还要更长。如果你没有时刻关注着市场中正在发生的变化，那么你就很容易失去相关力（比如那些晚上10点就打烊的快餐店肯定就抓不到那些深夜才来的顾客）。

2. 对那些第一眼看上去就与正常做生意的方法不一样的意见，你能及时摒除吗？比如，如果你正处在汽车租赁、影碟租赁或者零售行业，而你却说Zipcar、网飞公司以及亚马逊永远都不会流行起来，那么，闭塞僵死的头脑几乎注定你在极短的时间内失去相关力。

3. 你真的是知道最多的吗？亨利·福特有一个正当的——尽管并不怎么高明的理由说，只要你选择了黑色，那么你就可以把你的福特T型车漆成任何你想要的颜色（据说，黑色的喷漆干燥得更快，而他并不想因为其他颜色拖慢汽车装配线）。但是，如果你不必要地限制顾客与你互动的方式或者限制他们购买你产品的途径，那么你就有失去相关力的风险。

4. 你有妄想症吗？你应该有。防止失去相关力的最简单的方法就是假想你随时都可能会失去相关力以便时刻保持着警惕。

如何开始重获相关力？

在认识到自己已经失去了相关力之后，你需要确保自己对市场中所发生的事情有一个极为牢固的把握，这样你才不会再次与市场步调不一。你需要时刻更新你的市场情报，除了要观察市场，还要和顾客交流以便弄清楚你所提供的东西哪些是他们喜欢的，哪些是他们不喜欢的。他们还会告诉你你的业务范围需要减掉什么，改变什么，改进哪些地方以及增加哪些地方。只要你问，人们就会告诉你（往往还非常详细）。

这并不是一次性的行为。尽管你可以每六个月就做一次全面检查，我们还是推荐你时刻对市场进行仔细观察，并且至少一个月进行一次快速检查，因为事情的变化就是这么迅速。毫不夸张地说，今天几乎每一个行业都是时装行业，而时装的变化就是这么快。因此，你应该建立一套系统，不仅能使你追踪每年发生的变化而且还能追踪每个月的变化。

比如，曾经提供社会媒体通信和服务策略的能力是区分营销公司和通信公司的标志，而如今，这种能力已经被人们默认为是包含在内的了，它现在只是入门的门槛。

退出的时刻

或许我们比大多数人都要乐观，因此，毫不奇怪，我们相信差不多每一个失去相关力的公司都还有机会重新把它找回来。大多数公司可以，而不是全部。

如果你彻底和市场失去了联系，比如说，你坚信不能收看有线电视且分辨率很低的黑白电视一定会重返市场，那么，重获相关力就是不可能的了。

与之相似，如果技术的发展已经完全取代了你，那么重获相关力也基本上没有希望了（是的，现在手动打字机仍然有市场，但是，这个市场肯定不会很大）。

在这些情况下，最好的选择就是不再继续下去或者进入其他行业。

但是，对于别的其他情况来说，还是有希望的。

你要时刻注意和顾客保持密切联系并且预测他们的行为，让我们继续进行讨论。增加更多更好的特色产品和服务对于维持长期客户来说尤为重要，你往往会把和长期客户做生意当成是一件理所当然的事情。如果有一天一切都发生了改变，那么这种关系也会随之消失。

尽管我们很少把自己放在客户的位置上去看问题，但我们也不难明白为什么他们会突然断定你不再具有相关力而转向他人。假设大银行A多年来一直管理你的公司在财务，年终的时候，银行A向你和你的员工发送了年度401K计划（美国的企业年金计划），然后它提醒了你。在处理你的财务需求方面，你已经不记得上次是什么时候检查过产品和服务是否最优，于是你开始扪心自问：“我们得到最好的回报了吗？大银行A给我们的是最佳选择吗？事情达到尽可能完美的程度了吗？”

并不是你们之间的关系出了什么问题，而是你已经有一段时间没有进行思考。现在你开始思考，于是，关于是否得到了最大的好处，你就有了一些疑问。

如果你把担忧告诉了大银行A，你们之间的关系有可能会继续下去。如果你指出在别处得到更好的服务，那么，银行代表就会告诉你其他可用的选择，他们会对目前的服务进行调整。

创新的速度很快，而且你的客户有着强烈的欲望要从他们花掉的每一美元中都榨取最大的价值，这就是为什么你需要时刻表现出你正在不断地增加价值。

但是，就像你的许多顾客一样，也许会对更好的条款或者其他条件感到不自在。它可能会让你感觉到自己是在和别人过不去，即使是以极为礼貌的方式去做。因此，你开始四处寻找，最后终于发现另一家金融机构提供的条件更加优厚或者更加适应你的需求，于是你把业务转向了这家金融机构，这一切都是因为银行A让你们之间的关系破裂消亡。虽然银行A在明面上没有做错任何事，但是因为它没有主动地经营好你们之间的关系，没有时刻检查自己是否依然和你具有相关力，所以它就失去了一位顾客。

稍微有点相关力

正如老话说的那样，你不可能是稍微有点怀孕，你要么就是怀孕了，要么就是没有。

但是，你却可以稍微有点相关力，尤其是在涉及地理的时候。想一下基特里贸易站吧，正如这家位于缅因州的零售商在它的网站上指出的那样，它“自1938年起就已经开始为人们提供最好的户外装备”了。

它出售钓鱼和宿营的工具、水上运动装备，而且它的打猎和射击部类包括了“打猎或练习枪法所需要的一切东西。从弹药、弹夹、靶标到打猎用品，比如饵料、哨子、陷阱以及战地包扎用品等”。

这是一家出色的商店，但是它的相关力受到了地理位置的限制。当然，缅因州农村地区的人们都是非常好的潜在顾客，但是生活在大城市里的人们呢？对于城市居民来说，基特里贸易站是不具有相关力的，从来也没有过相关力。

变化的速度

我们在前面提到过这个问题，但在这里我们要对这个世界的变化到底有多么迅速进行更深层次的研究。

在一次TED的演讲中，里克·沃伦，一位著名的福音派基督教牧师兼作家，在加利福尼亚州的森林湖创立了马鞍峰教会。他说，当外界的变化速度超过组织内部变化速度的时候，该组织就会变得不具有相关力，而且他是完全正确的，如果你不能跟上周围事物变化的脚步，那么你注定会被远远地抛在后面。

这意味着仅仅把各种系统落实到位来捕捉市场中的变化是远远不够的，你需要保证你的组织能跟上组织外所发生事情的脚步，你必须在内部和外部同时跟上潮流的发展。

也许这些靠你自己难以做到。我们都愿意认为自己能够跟上组织内部和外部变化的步伐，但是我们对自己的表现做出的判断也许不那么客观。你也许需要转向你的董事会，或者找一位当地大学的教授，又或者是值得信赖的朋友们，来看一下他们对你的表现有什么看法。

当然，你正在留心观察各种趋势，并由此创造出了令人惊叹的相关力仪表盘，而且还能对自己跟随市场变化的表现进行毫无偏见的判断，这些都是有可能的。但是，如果你真能做到这些，那么你就属于那些罕见的例外，因为我们绝大多数的人都需要或多或少的帮助。实际上，在对自己的表现进行评判的时候，你最好把自己的最大努力和外界的协助结合起来。因为，即使你非常擅长我们相关蛋的某一个部分，比如思考的部分，并且从逻辑上理解了为什么顾客会买你的东西（或者离你远去），你也许仍然需要帮助来面对其他三个象限，你并不想只顾及一个方面。

具体细节

为了纠正你失去相关力的问题，很显然你要从各个角度展开行动。你需要看一下你的：

- 产品和服务

- 领导方式
- 企业文化

在开始做的时候，你需要对三件事情提高警惕。

第一，如果你打算去征求人们的意见，你最好仔细倾听他们所说的并且对此做出回应。最糟糕的事情就是去问他人的想法，然后就听他没完没了地说个不停，而在他说完之后，你却继续像之前那样做生意，就好像他什么也没说一样。如果你忽视了某个人的评价，那么就永远别想再从他那里得到真实反馈了。

第二点和第一点是互相关联的：领导者要获得一种企业文化，他们必须为自己想要的行为做出榜样。如果你对新观念闭目塞听，那么员工也一定会如此。

第三，如果你想要通过自己最大的努力来重新获取相关力的话，那么你一定要保证真正地在变得具有相关力，通用汽车公司的两个例子表明你应该做什么以及不应该做什么。

还记得我们在第三章里说过的那个“再也不是你父亲的那种奥兹莫比尔了”的宣传活动吗？这是通用汽车公司的品牌在告诉人们它旗下的汽车——以宽敞舒适而知名，已经有了改变，并且是变得更加富有运动魅力，更加倾向于年轻人群。事实上，它们并非如此，而且奥兹莫比尔在两个层次上都遭遇了失败。

第一个层次是什么呢？那就是该公司并没有吸引年轻人。他们看了一眼这些新型汽车然后说：“不，它还是我父亲的那种奥兹莫比尔。”

第二个层次，奥兹莫比尔与它的传统渐行渐远。如果一家公司对自己的顾客说“你是个喋喋不休的老古董”，那么，谁还会愿意购买它的产品呢？

长期以来，通用汽车公司并不是多么神秘的市场营销策略就是通过向年轻人推销低端车——比如雪佛兰和庞迪克，来把他们引入到了通用汽车公司的汽车大家庭中来。那时的目标是等这些年轻人年龄增长、更加富有之后，再让他们去购买更加昂贵的品牌。比如，某个人最初购买的是一辆雪佛兰比斯开恩，该系列价格最低的车型，或许他的第二辆车就会升级换代为一辆雪佛兰羚羊，而他在以后购买第三辆车的时候更有可能会换成一辆别克或者奥兹莫比尔。

而“再也不是你父亲的奥兹莫比尔”的生产线永久终结了这种市场营销策略。年龄更大一点的顾客没有理由去购买一辆专门为孩子设计的汽车，而他们换车的选择就会变成一辆英菲尼迪或者是一辆讴歌，而不会是一辆奥兹莫比尔，结果，奥兹莫比尔的生产线就会逐渐停息。与此相反，通用汽车的凯迪拉克品牌差一点就被注销。是的，它在接近60岁的人群中拥有忠实的顾客基础，但问题是这些人并不能把这么多的汽车都买下来，而且年轻人们对这种和自己的爷爷联系在一起的汽车并没有什么兴趣。

对自己诚实

就像我们自始至终说的那样：你想要具有相关力。但是并不是以改变自己的本质为代价。

"不再是你父亲的那种奥兹莫比尔"的宣传活动之所以失败的一个原因就是，重新设计的奥兹莫比尔绝不是一种时尚的运动型汽车。与此相对，通过打造自己制造马力强劲、车型优美汽车的核心优势，凯迪拉克能够重新获得相关力。

仅仅依靠猜测市场的发展方向来抢占先机，你永远也不可能变得具有相关力。你需要打造你的优势，只要你认清了自己的本质，你就能够给你的品牌增添核心价值。

在21世纪初，从凯迪拉克凯雷德汽车的问世开始，通用汽车公司就已经开始在改变。在凯雷德之后，通用汽车推出了新一代的汽车并掀起了新一轮的广告宣传。不管是汽车还是广告，都是专门为潜在的购买者设计的，它们给了这些以前不会选择这种汽车的潜在顾客一个再次考虑的理由。事实证明确实如此，于是，凯迪拉克重获了相关力。

第十章给我们的启示

1. 重获相关力的第一步就是要决定你想要这么做。

2. 重获相关力就像是重新开始。用你最开始创造出相关力的方法重新创造出相关力。从核心顾客群开始，然后逐渐向外扩展。

3. 在你重新赢回市场份额的过程中，一定要小心不要做出过度的承诺。如果你使同一个顾客失望两次，那么他就会永远离开你。

周一早晨要做的事情

√ 建立完善的系统，以避免你不能跟上市场的发展变化。

√ 时刻监督着这些系统。

√ 找到你已经失去的顾客，为使他们失望而道歉并且详细指出你在未来会如何做得更好。

试一下下面的练习来彻底弄明白我们刚才所讨论的问题。

返回到最基本的事情上来，转向相关蛋的四个象限，客观地看一下你为什么会迷失方向。如果你不能找到原因，或者你得出的是“这不怪我们，都怪他们”等诸如此类的结论，那么就寻求外界的帮助吧。

一旦你想明白了问题的所在，那就拟定出多种方案去纠正它们吧。

RELEVANCE

结论

CONCLUSION

最后的启示

我们学到了什么

让我们用开始时的方式结束吧。

就像我们在第一章所说的那样：

世界上的每个组织都希望人们购买自己的产品，接受自己的品牌，支持自己的候选人或者加入自己的事业。而为此，它们每年都要把总额高达数十亿美元的资金投入到市场宣传、广告、公共关系开展、沟通项目、社会媒体以及推陈出新上。然而，用客气一点的话说就是，这些活动常常不会达到它们本可以取得的效果。

我们能提高效率的一种方法就是变得具有相关力，途径就是在实际上具有社会适用性。正如我们所看到的那样，相关力这个概念关于实践的部分和关于社会的部分都是同等必要的。如果你想要创造出“黏性”，也就是说，如果你想要人们一次又一次地回来光顾的话，你就必须得满足某种需求，而且还要具有一种情感的联系。

> 如果你所提供的东西没有相关力，那么别的任何其他东西都不重要了，你的战略和战术都会因此而被毁灭。你希望人们对你的市场营销活动做出回应，但如果他们没有理由这样做的话，即你的产品或服务没有相关力，那么，他们是不会做出任何回应的。

你如何开始着手构造这些有意义的承诺呢？正如我们所看到的那样，有三种不同的方式：通过细分、无形资产以及环境。

通过细分 你不可能满足所有人的所有要求。如果你试图这么做的话，那么你的信息将会被极度淡化，以至于没有人能理解它。但是，以某些事物为基础，你可以和所有人建立相关力。依据具体因素对你的市场营销进行划分，你就可以做到这一点，这些具体因素包括：年龄、收入、性别、教育、地理、生活经历、兴趣、政治等，然后你就可以确定如何使自己的东西在每一个分类当中和人们建立相关力了。

> **你能一直保持相关力吗**
>
> 你总是能找到和人们建立相关力的方法吗？这个问题的答案是肯定的，但有两点需要特别注意。

> 首先，你不能给人们提供糟糕的产品或者差劲的服务，那些容易破碎的产品或者让我们的生活变得更差的服务，不管你再怎么努力，永远都不会具有相关力。
>
> 其次，当你在处理技术性比较强（比如复杂工程）或者极为专业化的（比如理论物理）事情时，你或许只能和极少数的人产生情感的共鸣。

通过无形资产　这些无形资产包括相关蛋的四个部分，即思考、感官吸引力、群体和价值。

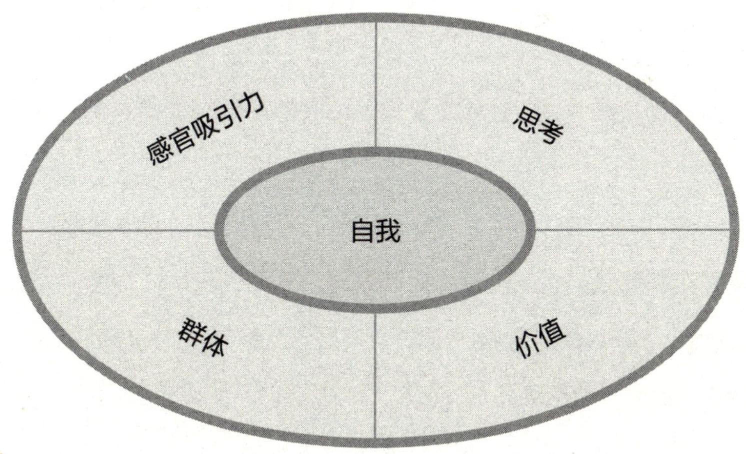

你能从数字中得到的东西是有限度的。人并不是简单的数字，而是复杂多变的生物，这就是你需要做定性和定量检测的原因。

通过环境　相关力具有内容（文字、图画以及我们沟通交流中的其他元素)、背景(互动发生的时间和空间)以及媒介(沟通交流的源头和介质)。

简洁明了?是的。容易做到?不

相关力的终极目标是改变(或者)维持行为,我们可以无休止地谈论如何使用各种市场营销渠道和技巧,并且扪心自问什么才是能够解决我们所面临挑战的最有效的社会媒体策略。但是这一切都并不重要,除非我们能够说服别人来认同我们的观点(购买我们的产品、服务或者加入我们的事业),或者能够防止我们现有的顾客、客户、支持者转而投向他人的怀抱。如你所知,这并不容易。而由于以下四个具体的原因,你或许还会需要一些帮助。

第一,我们都有一种过高地评价自己表现的倾向,回想一下我们在第一章中讨论过的乌比冈湖效应吧,作为人类,我们倾向于高估自己。

第二,我们的顾客现在正变得越来越苛求。我们能够要求顾客在优质服务和低廉价格之间做出选择的时代早已一去不复返了。今天,如果你问他们,"你是想要出色的服务还是极地的价格",他们一定会说"都要"。

第三,让你的信息被人们所接受并理解是极为困难的事情,而且它还在变得越来越困难。人们就想你一样都很赶时间,而且他们对收集到的信息越来越不信任(你什么时候还会只看外表判就相信某家公司的产品像它所宣称的那样是"最好的"或者"质量最高的”或者“价格最低的”)。

第四，我们都很担心。我们担心自己的家人，当然，也担心经济形势和世界上发生的各种事件，这个世界或许在实际上并没有变得越来越可怕，但是它确实看起来是正在这样变化着。

因此，变得具有并且保持相关力是一种挑战，但是它带来的回报使它物有所值。

祝你好运。

RELEVANCE

附 录

APPENDIX

组织相关力：框架与行业分析

博达公关公司的一项调查研究

（注：以下内容节选自我们的研究，如果你想要完整版本，请发送邮件到Relevance@Brodeur.com）

是什么使组织具有了相关力？是因为组织能满足个人的需求或者是具有某种特殊功能吗？或者是因为它能生产某种特殊的产品或者提供某项具体的服务吗？而且由于这些有用的功能或产品，人们是否觉得有些组织要比其他组织更加具有相关力了呢？他们是否以不同的方式对组织进行思考并且和它们连接在一起了呢？组织相关力有什么重要的吗？

这是博达公关公司在探索相关力的维度时所做的最初的几项研究。如果你想（免费）获得后续的研究，请发送邮件至：

Relevance@Brodeur.com。

为什么是相关力呢？我们相信相关力是沟通交流中的势在必行的新趋势。我们所处的媒体环境日渐混乱，人们的注意力周期日渐缩短，而消费者的怀疑却与日俱增。在这个多渠道的世界中，人们拥有着越来越多的选择，这就使得人们之间的联系越来越难以建立，而这种联系也随之变得越加重要。

在这项研究中，我们着手回答两个简单的问题。

第一，人们认为具有相关力的事物的框架会依据组织的不同类型而发生变化吗？比如，我们认为，对某个非营利性组织来说，具有意义和相关力的因素是否和对商业公司来说具有相关力的因素是同样的？而那些和我们最喜爱的慈善组织具有相关力的东西是否同样也和我们最喜爱的银行、汽车制造商或者零售商具有相关力？

第二，组织和企业有特殊的“相关力分析”吗？某些组织是通过价值，或者是个人需求，又或者是好奇心与刺激才和人们联系起来的吗？换句话说，组织是否具有“相关力的分析”来定义人们看待它并与它进行互动的方式？除了分析的问题之外，联系的深度和广度或者说“相关的点”是否也关联着更好的组织绩效和经营绩效？

为了找到这些问题的答案，我们针对在18岁至65岁之间的2022名美国人进行了一项在线调查。这项调查由独立的民意研究公司——The Prime Group有限责任公司负责实施，调查时间从2012

年2月15日持续到2月20日，调查结果经过加权可以反映出全国人口的整体情况，下面就是这项调查研究所得的结果。

调查结果概要

- **人们发现对非营利性组织来说有意义的东西和对商业组织来说有意义的东西有着很大的不同。**到目前为止，对非营利性组织最具相关力的特点就是和价值有关的。那家慈善组织和我的信念相符吗？那么，下一个最重要的事情就是要这家慈善组织去激励鼓舞人们。对于那些我们测试过的商业组织来说，这种框架就很不一样了，对这些商业组织最有意义的因素就是满足人们的个人需求，而在那之后才是价值。

- **不管在那个部分，人们所发现的在商业组织里有意义的东西都不会改变。**我们要求人们去考虑一下专业服务公司、高端产品公司以及消费品公司。对于上述三种公司，人们认为的最为重要和最不重要的东西都是极为相似的。

- **许多公司看起来都拥有具体的主要相关力指示物。**比如像苹果、塔吉特和红牛这样的公司，都是与众不同的“有趣而令人兴奋”。福特公司在价值方面的得分很高，谷歌和沃尔玛由于它们的无处不在而与众不同，而且它们是人们最离不开的公司。

- **有些在大小和规模上较小的公司看起来要比大型公司和消费者更加具有相关力。**我们在接受测试的汽车、零售以及通信公司中发现了这一点。

• **高相关力得分看起来和快速的增长以及优异的业绩有着直接的联系，尽管具有高相关力得分公司可能会比它的竞争对手小得多。**较高的相关力是否能促进更快的增长或者快速的增长和优异的业绩是否能产生更大的相关力，对于这一点目前还不清楚，不管怎样，两者之间看起来确实存在着明确的联系。

• **在政府机构中，胜出的却是人们认为最有可能被淘汰的那个部门。**我们让人们考虑五家非常不同的政府机构，它们分别来自国防、健康、环境、金融以及教育领域，而最后获胜的却是来自教育领域的那个部门。

相关力框架：我们的方法

我们让人们对8种不同的陈述进行评估（每一种陈述都代表了一种通向相关力的不同道路），然后选出他们认为对每一种类型的组织来说最有意义以及最没有意义的那个陈述。我们把接受调查的2000人大约500人一组随机分成了几组，然后让每一组对以下类型组织中的一个进行评估。

• **慈善组织和非营利性组织**　你可能会通过捐款或者当志愿者方式来对它们进行支持，比如，一个教堂、一家慈善会或者一个政治党派。

• **专业服务公司**　这类公司能给你提供个人的或者专业的服务，比如，银行、房产中介或者信用卡公司。

• **高端商品零售商**　这些公司出售耐用品，比如汽车、电脑和电视等。

- **个人产品零售商** 它们出售个人用品，比如服装、珠宝以及体育用品等。

我们使用了一种叫作适应性联合（又称为MaxDif）的调查工具来确保调查对象都能在背景中对每一种陈述进行评估。在五个一系列的屏幕上，调查对象能看到四种不同的陈述。在每一个屏幕上，调查对象都被要求选出对那种类型的组织来说最有意义以及最没有意义的陈述。这些陈述会重复出现多次，而且每次都是以不同的混合出现，这样，某种相关力陈述被选为最有意义的频率越高，那么，它的价值得分就越高。参加测试的八种陈述分别是：

- 我认为它对来说具有很重要的价值。
- 它所代表的就是我做的事情。
- 它能使我对自己有更好的感觉。
- 我希望人们知道我在使用它。
- 它能满足我的需求。
- 它使我的生活更加轻松。
- 它并不适合所有人，但却适合像我这样的人。
- 它能带给我启发。

相关力框架：我们的发现

我们发现，人们认为最有意义以及最没有意义的相关力陈述，非营利性组织和商业组织之间有着非常大的区别。

在我们所测试的八种相关力陈述中，到目前为止，对非营利性组织最为重要的特征都是和价值有关的。在对慈善组织和非营利性组织进行思考的时候，他们认为最有意义的事情就是它“具有对我重要的价值”，紧随其后的是它“代表了我所做的事情”，排在第三位的是这家组织能“带给我启发”。

与此相对比，在所有参加测试的三种商业组织中，最为重要的特征都是和功能或者需求有关的。最为重要的因素是该公司“能满足我的需求”，紧紧排在第二位的是它“使我的生活更加轻松”。而那两条关于价值的陈述——“对我很重要的价值”以及“代表了我所做的事情”，分别排在第三和第四位。

这项研究表明，人们对慈善组织和非营利性组织的“相关力框架”与他们对商业组织的框架是极为不同的。对消费者来说，慈善组织和非营利性组织最重要的地方就是它们具有既能让消费者赞赏又能让他们进行分享的价值，除此之外，人们还希望非营利性组织能鼓舞激励他人。

数据表明，非营利性组织和它的追随者之间相关联的方式与公司和顾客之间相关联的方式有着很大区别。人们与非营利性组织之间的个人联系更多的是和表明一种共同的使命有关，而较少和效率或效力有关。而且，数据还显示非营利性组织宁愿以牺牲“效率”为代价，也不愿意牺牲那些能带来鼓舞和激励的项目——而这些东西经常被认为是高高在上的。为什么呢？因为鼓舞和激励就是非营利性组织对它的追随者所具有的相关力的核心。实际上，鼓舞人心的活动可以成为非营利性组织用来向支持者展示并与他们分享价值的重要方式。

商业相关力分析

在商业组织的三个类别——个人产品、高端产品以及专业服务当中，关于调查对象所反馈的最有意义的相关力陈述存在着惊人的一致性。

数据表明，不管你是一家银行、一家汽车制造商，还是一家成衣公司，最重要的事情都是要向人们表明你要么能满足一个“具体的需求”，要么能使别人的生活“更加轻松”，这种以功能或者需求为导向的考量似乎就是商业相关力的相关力门槛。

除了这些以外，顾客们寻求的是和他们具有共同价值的公司。在我们测试过的所有三个商业产品的分类中，人们都把“我认为它具有对我来说很重要的价值”这条陈述排在了第三位。而且在代表了高价商品和服务的两个分类中，价值的重要性有了些微的增加，尽管很这种增加还很微小。这或许表明，作为一种概念，“价值”的相关力随着潜在的成本以及个人的投资而不断增加。

功能VS价值

我们查看了几个不同的模型，这些模型并不是严格地按照博达公关公司的四象限方法而建立的。四象限方法的基础就是思考、社交（群体）、价值以及感知本身。

陈述	分类
我认为它对来说具有很重要的价值。	价值
它所代表的就是我做的事情。	
它能使我对自己有更好的感觉。	
我希望人们知道我在使用它。	社交
它能满足我的需求。	思考
它使我的生活更加轻松。	
它并不适合所有人，但却适合像我这样的人。	感知
它能带给我启发。	

我们对全部的商业调查对象进行了观察，做了一个简单的分析，然后发现有两种类型的人占据了主导地位：以功能或理性为导向的人以及以价值为导向的人。以理性为导向的人占据了美国人口大约四分之三（77%）的比例，而以价值为导向的人则占了大约五分之一（18%）的比例。然后，我们查看了一些人口统计数据来找出是什么促成了以价值为导向的消费者，又是什么促成了以功能为导向的消费者。

结果或许会让你大吃一惊，尽管这两个群体非常相似，但以价值为导向的消费者往往有更多人信仰宗教，更加地关心公众事务，而且也更加倾向于共和党，也就是说，以价值为导向的消费者看起来更加保守。对某些人来说，这或许看起来是违反直觉的，因为他们中的许多人都把“价值”等同了自由事业。而根据这个数据，事实并非如此。“价值”可以简单地和与保守事业有关的议题等同起来，比如，生命的神圣性、财政纪律以及个人责任等。

相关力分析：我们的方法

这项研究的第二部分仔细观察了人们是否是以不同的方式来和具体的公司以及组织建立联系或者建立相关力的。我们观察了几组来自商业领域以及非营利性机构的知名品牌，来自商业领域的品牌包含了汽车、零售、技术通信、饮料以及体育组织等，而非营利性组织则涉及医疗卫生、紧急服务、环境以及政府部门等。

我们要求被调查人去对一组公司和组织进行考虑，并且在每一个类别中选出符合以下条件的一个组织：

- 和我个人的价值最为接近。
- 最有趣也最令人兴奋。
- 如果它不在了，那么我会最为想念它。
- 我最愿意在公开场合与它联系在一起。
- 我最想和它做生意。

值得注意的一点是，下列数据都是相比较而言的。也就是说，人们被要求在一组确定的公司和组织中进行判断。就像在任何一个比赛或选举中都会出现的情况那样，选择的结果或者“得票数”根据选择的不同也可能发生巨大的转变。

在每一个类别中，我们都尽力确定出一份可控制的组织列表（少于6个），然后在列表中把这些大大小小知名品牌，包括在这一类别中品牌领导者，混合在一起。

在我们的分析中，我们寻找的是公司排名衡量标准之间的差异或者差距。换言之，我们观察的是一家公司是否在某一个方面得分特别得高，而在其他方面却并非如此。我们认为，对一家公司或组织来说，这就是一种可能的“主要的相关力指示物”。

我们所寻找的还有那些累加得分（在所有衡量标准上所得分数的总和）相对较高的公司，目的就是看我能否在那个总“相关力得分”的基础上把公司绩效或者消费者偏好关联起来。

我们把调查对象一分为二，每一组的调查对象都要对十个类别中的五个进行评定，以此来保持对比的有效性。

相关力分析：我们的发现

● 许多商业品牌似乎都拥有“主要的相关力指示物”，即，在某个衡量标准上，人们对他们的评价要比在其他衡量标准上高得多。在零售、技术以及汽车公司的分类中尤其如此。比如：

◆ **苹果公司、塔吉特和红牛公司都非常的“有趣且令人兴奋”**。因此，与其他的任何特点比起来，选择“最有趣且最令人兴奋”的人是最多的。在技术公司那一组，五分之二（41%）的人认为苹果公司“最有趣且最令人兴奋”，但是仅有四分之一（27%）的人说苹果是他们“最愿意在公开场合与之联系在一起”的公司。塔吉特公司到目前为止在零售业类别中仍然是“最有趣且最令人兴奋”（54%），然而，它在其他衡量标准上的得分却降低了七到十个百分点。对于红牛公司来说，它在“有趣且令人兴奋”这一方面的得分（11%）要比它在其他衡量标准上的得分高出五到十倍。

◆ **谷歌和沃尔玛的主要指示物都是“如果它不在了，那么我会最为想念它”**。考虑到谷歌和沃尔玛的无处不在以及它们在各自领域里的主导地位，这就没什么好奇怪的了。在技术公司的类别中，42%的人说他们会最为想念谷歌。在零售业中，32%的人说他们会最为想念沃尔玛。对于这两家公司来说，它们在其他方面的得分要比这低十倍还要多。

◆ **在汽车行业，福特汽车公司拥有最值得信赖的形象**。和其他任何一家汽车制造商比起来，有更多的人（29%）认为福特公司“和我个人的价值最为接近”（排在第二位的丰田汽车公司，23%），福特公司在“我最愿意在公开场合与它联系在一起”这一方面也是位列第一（28%）。与此同时，福特公司在“最有趣且最令人兴奋”方面的得分紧随竞争对手丰田和本田之后，排在第三位。

● **在三个非营利性组织的分类中，大品牌占据主导地位**。在接受测试的非营利性组织小组中，具有压倒性优势的是红十字会、美国癌症协会以及国家地理学会。然而，在五家政府机构中，教育部门，这个最经常被当成淘汰目标的部门，却出人意料地获得了人们最多的喜爱。

● **相关力累加得分的高低似乎与快速的增长以及优异的业绩有着直接的关联，尽管这些公司要比竞争对手小得多**。高相关力是否能促进快速的增长或者优异的业绩是否能带来更大的相关力，这个问题现在还不清楚。但不管怎样，在两者之间确实看起来存在着明确的联系。

◆ **塔吉特对沃尔玛** 塔吉特公司在所有的五个接受测试的分类中都打败了它更为巨大的竞争对手沃尔玛，它的相关力得分为231，而沃尔玛只有98。的确，尽管以每一个财务标准来衡量，塔吉特公司都要比沃尔玛小得多，但是有更多的人说如果这两家公司消失了，他们将会最为想念塔吉特公司（41%），而不是世界最大的零售商沃尔玛公司（32%）。

◆ **威瑞森对美国电话电报公司** 同样地，威瑞森在每一个衡量标准上都打败了它更为强大的竞争对手美国电话电报公司，尽管美国电话电报公司比威瑞森公司大了将近十倍（在市场价值方面）。除了在“如果它消失了，将会最为想念它”的这个方面，威瑞森公司在每一个衡量标准上都要领先美国电话电报公司超过十个百分点。而在“如果它消失了，将会最为想念它”这个方面的得分上，37%的人选择了威瑞森，28%的人选择了美国电话电报公司。尽管这两家公司都有众多的业务范围，我们仍注意到，在无线业务方面美国电话电报公司2011年四个季度的利润下降了60%，而客户增长速度也降低到了40万个净新增客户。在同一时期内，威瑞森无线业务的净增长客户数量超过了85万人。

◆ **福特公司对丰田公司** 在汽车公司中，福特公司的相关力得分最高（127），击败了丰田公司（120）和通用汽车公司（49）。

福特公司在除了“有趣”（丰田）之外的每一个类别中都战胜了所有其他对手，尽管福特公司比它的日本对手（丰田公司）以及国内对手（通用汽车公司）都要小。为什么福特公司在价值和关联方面的得分如此之高呢？是因为它大受欢迎的F150卡车以及它“坚如磐石”的标语吗？还是因为它是美国汽车制造三巨头中唯一一个没有接受政府救助资金的公司？对此我们无从得知。但我们所知道是这样的，尽管福特公司比竞争对手小，但它一直在增长。根据2011年的报告，福特公司取代丰田公司成了美国第二大汽车制造商。福特公司最近的销量增长了将近20%，而丰田公司的销量则一直保持不变。

单独小组分析：汽车行业

在接受测试的五个汽车公司中，出人意料最受欢迎的是福特公司。更多的人（29%）认为，与其他任何汽车公司比起来，福特公司最能体现他们的价值，丰田公司位列第二，而且，福特还是人们最愿意与之联系在一起（28%）的公司。不仅如此，在五家公司中，和其他任何一家汽车制造公司比起来，会有更多的人想念福特公司——如果它消失了的话（25%）。

单独小组分析：零售业

塔吉特公司在五家参与测试的零售企业中占据了主导地位。令人震惊的是，在几乎每一个衡量标准上，选择塔吉特公司的人数比例都要远远大于选择沃尔玛的人数比例，认为塔吉特公司“最接近他们的价值”的人在数量上是沃尔玛公司的两倍还要多（45%对20%），而认为塔吉特公司最为有趣的人是沃尔玛的四倍还要多（54%对14%）。的确，和沃尔玛比起来，塔吉特就像一只蚂蚁，但是它甚至在“如果消失则会最为想念”的公司评比中击败了这家世界最大的零售商（41%对32%）。

单独小组分析：电信/宽带公司

电信/宽带公司这一分类再次给我们展示了较小的公司反而比其更大的竞争对手具有更高相关力的例子。威瑞森公司胜过了美国电话电报公司，而且在相关力五个方面中的四个平均领先竞争对手十五个百分点。而美国电话电报公司和威瑞森公司之间最小的差距出现在“如果消失则会最为想念”这一方面，其中28%的人选择了美国电话电报公司，而37%的人选择了威瑞森公司。

单独小组分析：技术公司

在技术公司这个类别中，以少数其他公司为衬托，我们测试了三巨头，即谷歌、苹果和微软。在三巨头中，**苹果公司目前是最有趣的**，尽管在那些表示如果它消失则会最想念（谷歌在这个方面赢得了第一）的人中它被远远地甩在了第三位。的确，除了它独一无二的“有趣”系数，苹果公司的相关力形象和微软非常相似，而微软公司在“我的价值”方面的得分（微软公司24%，苹果公司

21%）以及“愿意与其做生意”方面的得分（微软公司27%，苹果公司25%）都超过了苹果公司。

单独小组分析：饮料公司

尽管可口可乐公司独占鳌头，**但星巴克能位列第二的确实令人惊讶**，因为它几乎在相关力的每一个方面都超过了比它更大的百事可乐公司，除了在“将会最为想念（它的产品）”这一方面（实际上，在这一方面两家公司基本打成了平手，其中23.6%的人选择了星巴克而23.8%的人选择了百事可乐）。

单独小组分析：危机应对组织

我们让消费者给几个专门提供紧急救援的非营利性组织评级。在这些被测试的组织中，在五个相关力因素的四个上面均位列第一就是美国红十字会（但要记住，参加这项调查的人都是美国人）。尽管如此，在被测试的慈善组织中，**无国界医生组织仍被认为是最有趣的**（50%），它的“得票率”几乎是美国红十字会（26%）的两倍。然而，在诸如“最接近我的个人价值”、“想要在公开场合与之联系在一起”以及“愿意与之做生意”等衡量标准上，无国界医生组织的得分与美国救世军组织相差无几。

单独小组分析：医疗保健组织

在五家大型的医疗保健类的非营利性组织中，**美国人在所有**

方面都表现出了对美国癌症协会的偏爱。紧随其后的是美国心脏协会，美国糖尿病协会则排在畸形儿基金会后面位列第四。考虑到糖尿病是人类死亡的一个主要原因并且这种疾病目前在美国已经达到了像传染病那样迅速蔓延的状态，那么，这个排名就有点儿令人惊讶了。

单独小组分析：环境保护组织

在五个有代表性的组织中，**美国人对国家地理协会表现出了一种压倒性的偏爱**。国家地理在“最为有趣”（63%）以及“将会最为想念”（64%）等方面具有尤为明显的胜势，而其他组织都被抛在了后面，四分之一（25%）的美国人认为世界野生动物基金会“最能代表我的价值”，这个数字是绿色和平组织（11%）、山峦协会（8%）以及奥杜邦协会（7%）的两倍还要多。

单独小组分析：政府机构

我们让人们把这五种选择同样应用到五个不同的联邦政府的政府机构上来，这五个机构来自不同的领域，包括国防、教育、卫生、金融以及环境。毫不奇怪的是，人们将会“最为想念”的机构就是国防部“29%”。然而，**教育部则令人惊讶地占据了第二名的位置**（25%），因为很多人都谈论着要把它淘汰掉，人们还认为国防部是“有趣且令人兴奋的”。在这个小组中，几乎三分之一的人（31%）把国防部选为“最有趣且最令人兴奋”的部门，尽管它和疾病控制中心（30%）在统计数字上不相上下。最后，人们认为他们最愿意把自己和那些处理国内的教育和环境问题的机构联系在一起，超过一半的美国人（56%）要么选择教育部，要么选择环境保护署作为他们“最愿意在公开场合与之联系在一起”的政府机构。

我们期待着与你分享更多的调查结果。

RELEVANCE

关于作者

ABOUT THE AUTHOR

安德烈“安迪”·科维尔是博达公关公司的首席执行官，博达公关是世界顶尖的中型传播公司之一。为了给创新过程增加更多科学的以及基于感官的洞察力，她发展并提炼了“相关力”的概念。“相关力”作为一种战略平台，能帮助组织以及它们的品牌超越“蜂鸣营销”并把沟通交流与行为改变联系起来。

25年来，她一直在为B2B市场、消费品市场以及医疗保健市场的组织开展高绩效的相关力活动。她的客户分布广泛，其中包括美国癌症协会、IBM公司、万事达公司、康宁公司、飞利浦公司、行动研究公司（黑莓公司）、Bio公司、威泰克斯公司、明尼苏达矿务及制造业公司（3M）以及通用电器塑料公司等。

她1986年加入博达公关公司并与1999年成为公司的首席执行官，在那之后，安迪使博达公关公司从一家专注于技术行业的公共关系公司转变为一家跨行业的传播机构，提供传播交流、数字化战略、社会变化以及商业咨询等方面的全方位服务。在此期间，她主导了对几家公司的收购，使该机构的投资组合扩张到了生命科学、政策、在线战略以及品牌建设等领域。

安迪毕业于新罕布什尔大学，获得了新闻与英国文学专业学士学位，她的丈夫是博达公关公司的联合创始人约翰·布罗德。她是四个孩子的母亲，并且还热心于推进儿童福利的非营利性组织和社会议题，她在数家非营利性组织的董事会供职，她不仅酷爱跑步而且还是一位户外运动爱好者。